東京百年老舗

Beretta P-13

人人出版

前言

【老字號的驕傲】
一代代傳承下來的暖簾彰顯著這段歷史。
只販賣自己滿意的商品，堅守自己信念的職人。

【傳統帶來的壓力】
生來就背負著這個沈重招牌的責任。
將商品以及顧客的期待永遠擺在第一位，始終如一。

【瞬息萬變的時代潮流】
順應著時代潮流尋找嶄新的發展方向，勇於嘗試、創造新的價值。
磨練代代相傳的技藝，也是向上提升的必經之路。

【百年歷史的集大成】
自創業開始，世世代代從錯誤中學習，才走到了今天。
為了回應這一步一腳印建立起的信賴，努力之路，沒有終點。

本書為紀錄位於東京近郊創業百年之老舖的寫真書。

書肆　高山本店　P14

美術陶器　茂吉　P46

有喜堂本店　P186

東京｜百年｜老舗

連結人與地域的場所
神保町歷史最悠久的古書店

書肆　高山本店

創業：一八七五年（明治六年）
代表者：高山 肇
地址：東京都千代田区神田神保町二ー三　神田古書センター一樓
電話：〇三ー三二六一ー二六六一
HP：http://takayama.jimbou.net/catalog/index.php
業種：古書收購・販售

P14上　神田古書センター一樓入口。
P14下　第四代的高山肇先生（右）與第五代的剛一（左）
P15　也有許多實際從事能樂創作的人士前來尋找謠曲資料。

照片・文字：藤井 恵

擁有超過一百六十家古書店的神保町一帶，是悠久歷史堆築而成的文字文化聚落。雖然同屬一樣的業種，但從販售的書籍乃至店舖的外觀、內裝，每家店都有獨具特色的鮮明風格。能感受到該地區的獨特魅力，以及在此營業多年的業主們引以為傲的心情。

「高山本店」就位於神保町的象徵地標——神田古書センター的玄關口。高山肇先生為第四代老闆，並身兼千代田區議會之議員一職，打著「打造能永續經營家業的街區」的口號，為神保町的靈魂人物。目前與高山肇先生共同守護店鋪的是身為第五代的兒子剛一。高山肇先生在剛一的幫忙下，才能無後顧之憂地投入議員的工作。

高山本店創業於明治八年。創始人高山清次郎先生原本在久留米開店，明治十五年後才遷移至神保町。當時神田地區設有「昌平坂學問所」，在武家屋敷遺跡甚至還興建了多達十一所的大學。神保町成為銷售學術書籍的繁盛之地，就是始於此時。

現在，店頭多主要擺放傳統藝能、日本史和料理之類的書。尤其是傳統藝能領域，從能劇、狂言、歌舞伎的圖書到能面、謠曲等高度專業書籍都一應俱全。同時該店與名作家間的交流也相當密切，並以御用書店而廣為人知。

「如今，神保町被視為是文字文化的招牌、無可取代的財產，但這必須仰賴整個地區的共同努力才行」高山肇先生說道。

看著高山肇先生不僅只顧及自家商店，也致力於活化整個地區與營造發展環境的身影，就能充分感受到他對於該地區的強烈關愛。相信今後，也將會繼續擔任連結人與地區之間的橋樑。

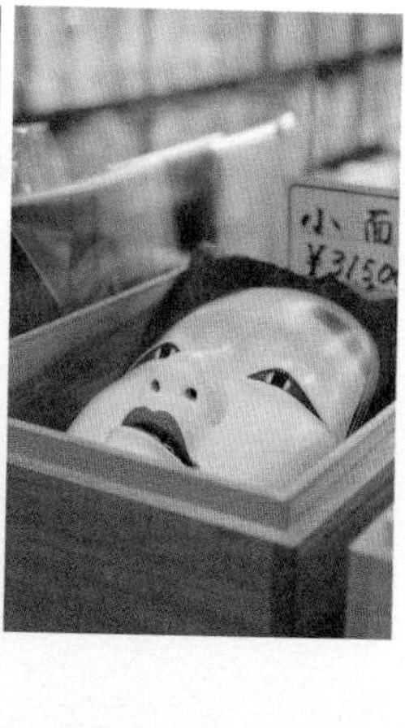

P16・P17店頭的展示區。除了古籍外，還陳列著扇・鼓・面等與能劇、狂言相關的小道具以及卷軸書畫・美術品。

文人墨客的淵源之地
依舊保有「日本之心」的毛筆店

九段下　玉川堂

創業：一八一八年（文政元年）
代表者：齋藤 彰
地址：東京都千代田区神田神保町三―三
電話：〇三―三二六四―三七四一
HP：http://gyokusen-do.jp/
業種：書法用具販售

P18上　約八十年前出自丹羽海賀之手的欅木製大招牌。
P18下　一樓陳列著毛筆、墨、和紙與書籍等商品。
P19　店主齋藤彰先生（左起第二位）和家人、店員的合影。

照片・文字：藤井 恵

84
34
17

古書店林立的神保町，有個格外引人注目的櫸木巨型招牌。「玉川堂」，是一家創業於文政元年（一八一八）的書法用具老舖。販售毛筆、墨及和紙等眾多商品，書道相關的書籍也很豐富。

目前店主是第七代的齋藤彰先生。熱衷參加學會發表與書法相關的演講、發起東日本大地震復興支援的義賣活動等，於國內外都相當活躍。採訪當天，也才剛結束美國書道研究會的活動返回日本。

玉川堂的創始人為初代的齋藤和助。原本是一家毛筆店，當初在店後方還設有名為「玉川亭」的出租宴會場，即類似於現今的文化沙龍。當時所流行的是書畫會，文人墨客齊聚並鑑賞各自帶來的書畫。到了明治時代，該區創辦了包含東京大學在內的許多大學，皆集中於此地，因此也成了重要的客源。

環顧店內，到處可見與謝野品子、犬養木堂等名人的作品以及他們特別訂製的商品。可一窺玉川堂自古以來作為諸多文人墨客交流往來之重要據點的一段歷史。

充滿歷史與文化氛圍的玉川堂。「老舖」的稱號反而讓人躊躇而不敢上門，因此店主為了讓顧客能輕鬆地入店參觀也費了諸多巧思。舉例來說，在入口旁邊的展示櫥窗每個季節都會有別具匠心的陳列擺設。另外，在店頭的商品花車上則會放些價格較便宜的和紙製品、一筆箋和雜貨等等。實際上，的確也成功吸引了形形色色、不分男女老幼的顧客上門。

近來使用毛筆書寫的機會已經少之又少，而逐漸被遺忘的「日本之心」就在這裡。在每天都被追著跑的生活當中，想要靜下心來好好體驗一下書道…玉川堂就是一個會讓人萌生這種念頭的地方。

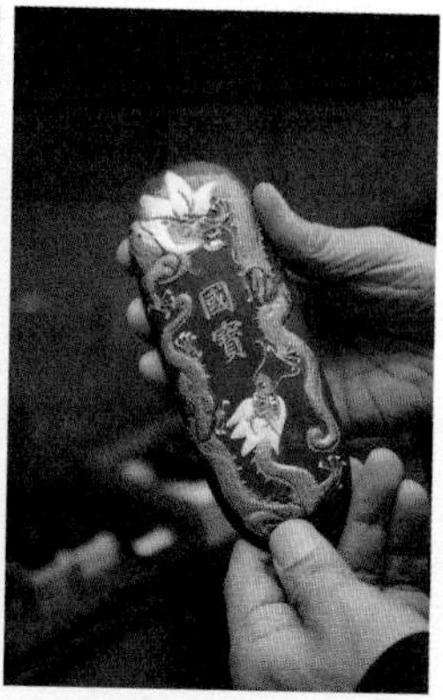

P20　二樓陳列著可稱得上是「玉川堂珍藏」的墨、硯等逸品。
P21左　也有價格平實的毛筆。只要來這兒，就一定能找到「精良工具」。

在神保町感受江戶氛圍
和書・浮世繪・古地圖的專賣店

大屋書房

創業：一八八二年（明治十六年）
代表者：纐纈公夫
地址：東京都千代田区神田神保町一－一
電話：〇三－三二九一－〇〇六二
HP：http://www.ohya-shobo.com/
業種：和書・浮世繪・古地圖販售

P22上　位於神保町古書店街的一隅。
P22下　老闆纐纈公夫先生（左）與女兒久里小姐（右）。『大江戶』是創辦人纐纈房太郎先生於大正二年所出版的隨筆集。
P23　江戶文學、畫譜和國學等眾多收藏一應俱全。

照片・文字：藤井 惠

地底旅行
四季詠草
茶之湯
婦女の教育
明治二十一年刊
神道修成派祭儀
中興名物覚
遠西二十四方
精写本
大正元年
三ツ飾 茶通箱
一万八千

Post Cards of KUNIYOSHI prints

十月的最後一天。正值「神田古書祭」舉辦期間，神保町的古書店街也比平常更熱鬧了些。這個活動目前儼然已經成為東京的著名盛事。在靖國通的人行道上綿延五百公尺、高達百萬冊的書本迴廊景象，讓人嘆為觀止。

而在靖國通上、特別引人目光的就是這家「大屋書房」。店頭陳列著各種和書與浮世繪，彷彿就像是站在美術館的玻璃櫥窗前般。當天，停下腳步入內一探究竟的人潮一樣也是絡繹不絕。

這次，我們採訪了第三代的纐纈公夫先生以及其女兒、同時也是第四代的久里小姐。創辦人是公夫先生的祖父纐纈房太郎先生，據說對出版很有興趣、又深感古籍的魅力所以才成立了店鋪。

從前的江戶繪草紙屋，也會販售草雙紙（註：附插圖的通俗小說）和浮世繪。大屋書房也以同樣的形式，廣蒐江戶時代發行的各領域出版物・和書・浮世繪・古地圖。是可以親手翻閱鑑賞歷史悠久又充滿餘韻的書籍、繪畫，以及親近古籍的最佳場所。

在眾多的陳列商品中，到處可見妖怪的繪畫。看著千奇百樣的妖怪畫，會讓人不自覺地就墜入幻想的世界裡。還會在店頭擺放不定期出刊、名為『妖怪カタログ』的目錄。看來江戶時代的人們，比起現代人更加相信妖怪的存在。

大屋書房的出發點為江戶，而和書則是能直接感受江戶時代的生活、文化與前人氣息的媒介。有機會的話就來大屋書房走一趟，體驗一下江戶的風情吧！或是與傳承家族四代、深受江戶氣息魅力所吸引的店主聊聊天，也一定能從中發現到專屬自己的寶物。

P24 以『国芳傑作絵はがき集』為首的各種妖怪模樣。
P25右 以外國人為對象所開發的伴手禮商品『Japanese Fairy Tale Series』（小泉八雲／一八九八年出版）。
P25左 『化け蜘蛛』。

稍微正式的Lunch
明治時代營業至今的下町洋食屋
ビヤホール ランチョン

創業：一九〇九年（明治四十二年）
代表者：鈴木 寛
地址：東京都千代田区神田神保町一—六
電話：〇三—三二三三—〇八六六
HP：http://www.gourmet.ne.jp/Luncheon/
業種：餐飲店（洋食）

P26上　從地下鐵神保町站徒步一分鐘位置的啤酒餐廳老舖。
P26下　沉穩氛圍的店內吸引許多常客上門，總是座無虛席。
P27　店內人氣No.1的蛋包飯八五〇日圓。

照片・文字：高崎大輔

位於神保町、明治四十二年創業的老舖洋食店「ランチョン」，是一家從午間時段就推薦暢飲啤酒的時髦餐廳，起初還在「沒有店名」的狀態下就開店營業。

初代老闆鈴木治彥在駿河台下的一隅，開設了當時還很罕見的西洋料理店。由於創業之初附近並沒有同業的店家，所以客人就直接稱呼該店為「洋食屋」。常來光顧的音樂學校學生們卻主張「沒有店名很不方便」，並建議「不然就取名為ランチョン吧」，鈴木治彥雖不清楚ランチョン是什麼語言來的詞彙，但也就從善如流地沿用至今（「ランチョン」=Luncheon」在英文中代表稍微正式的Lunch）。

以下町的洋食屋廣受好評的ランチョン，備有漢堡排、牛排、炸肉餅、炸蝦等多樣菜色。而其中穩居人氣No.1的特製蛋包飯，則是以淡淡的奶油香氣、微酸的特調番茄醬為特徵的傳統風味。另外，再搭配淋上自家製醬汁的高麗菜絲一起享用更是絕品。

自創業以來就兼具啤酒屋性質的該店，會視氣溫調節溫度，或是改變啤酒杯的洗淨方法等，來徹底控管啤酒的品質。以嫻熟技術注入的啤酒，細緻綿密的美味泡沫讓人讚不絕口。

大片落地玻璃窗設計的明亮店內，沒有老舖的拘謹感、給人輕鬆自在的感覺。這般氛圍從創業以來就沒有變過，也是「稍微正式的Lunch」能夠持續百年以上受到大家喜愛的原因吧。

P28　由專家注入的啤酒，美味的程度別樹一格。
P29右　入口處有廚師爺爺迎接上門的顧客。
P29左　也提供外帶，推薦番茄醬。

兼具歷史與溫度
隨著代代傳承持續進化的老舖
神田まつや

創業：一八八四年（明治十七年）
代表者：小高登志
地址：東京都千代田区神田須田町一－一三
電話：〇三－三二五一－一五五六
HP：http://www.kanda-matsuya.jp/
業種：餐飲店（蕎麥麵）

P30上　銅製簷溝的右角有小小的「まつや」字跡，左邊部分則已脫落。
P30下　在每天開店時間的十一點和晚間八點，都可看到出生於昭和七年的大老闆站在昭和三年製的國際牌收銀機旁的櫃檯光景。

照片・文字：茜部幸治

神田まつや
小高

東京神田須田町、大樓櫛比鱗次的街區中有間充滿風情的建築物，即明治十七年創業的蕎麥麵老舖「神田まつや」。

雖然店內還保留創業當時的歷史氛圍，但採光充足，給人明亮溫暖的感覺。擺在牆上、直徑約七〇公分的揉麵碗和掛鐘，更增添不少老舖特有的風格。從座席可隔著玻璃望見製作手打蕎麥麵的現場，煮好的蕎麥麵則由五、六位女性店員迅速地端上桌。後方的結帳處有台昭和七年製造、年代久遠的收銀機，目前由該店的大老闆・登志先生負責。上門的客人絡繹不絕，因此店內「歡迎光臨」的招呼聲也總是不絕於耳。

神田まつや是明治十七年由福島家的初代・市藏所創業。當時，名列江戶三大市場之一、生意興榮的神田市場周邊並無蕎麥麵店。為了提供在神田市場內工作的人們美味的蕎麥麵，因而興起了在神田須田町開店的念頭。經營兩代後遭逢關東大地震，後來改由小高家的初代・政吉繼承。接下來小高家第二代的賢次郎、第三代的登志先生，分別向「大森梅屋敷藪そば」的創始人、「かんだやぶそば」的上一代經營者以及「神田錦町更科」的前任老闆等優秀老舖的手打蕎麥麵名人，學習蕎麥麵的製作方法、手打蕎麥麵的技術與經營的訣竅，歷經代代不斷地學習至今。這份技術目前是由第四代的孝之先生繼承。

富彈性口感的手打蕎麥麵，以及保留著下町風味的濃郁醬汁。長年繼承創業以來的傳統味道、並隨時持續進化的神田まつや，不愧是江戶蕎麥麵的集大成者。

P33右 店內為大正時代的庄屋建築。每天開店時會在大老闆的吆喝聲中掛上暖簾。
P33左 將七葉樹縱切製成的揉麵碗，是店內最具醒目的裝飾物。

與神田明神的歷史一路相隨
天然甘味之王「明神甘酒」
天野屋

創業：一八六四年（弘化三年）
代表者：天野博光
地址：東京都千代田区外神田二－一八－一五
電話：〇三－三二五一－七九一一
HP：http://www.amanoya.jp/
業種：甘酒製造・販售

P34上　附設於店鋪的茶店入口，也可坐在長椅上品嘗甘酒。
P34下　店主天野史子女士（左）與姊姊壽美子女士（右）。
P35　明神甘酒不含酒精成分，所以連小孩也能享用。

照片・文字：新井 剛

天
芝崎納豆
天野屋
神田2丁目18—15
251)7911

神田明神擁有一千二百年以上的歷史。而緊臨著大鳥居旁，即是一路與神田明神的歷史相隨的甘酒製造元祖「天野屋」。

不僅是路過的人、還有從好幾世代以前就持續光顧的常客，才開店沒多久客人就已源源不絕。大家的目的都是天野屋最引以為豪的「明神甘酒」。店主天野史子和姊姊壽美子女士的祖先，於慶長二年以地下天然土窖培養出的「糀（米麴）」加工熟成後製成的甜酒，完全符合「天然甘味之王」的稱號。

天野屋的另一樣招牌商品是「芝崎納豆」。慶長初年在神田明神旁有間名為柴崎道場的草庵，這裏提供給忍耐寒暑修行時食用的五行珍味之中，被稱為金含豆的豆子，即為「芝崎納豆」的前身。納豆原本就代表著供奉神明的豆子之意，顆粒大、黏度強的芝崎納豆則名符其實，味道很溫和。

天然土窖培養出的「生糀」，還能製成「江戶味噌」、「久方味噌（嘗味噌）」等可用於烹調料理，也是餐桌上不可或缺的商品。

「只有天野屋沒有變呢」「回想四十年前在神田明神舉行結婚儀式的模樣，竟然連內裝也都沒變，真是太讓人感動了」，商店附設的茶店內每天都能聽到像這樣的對話內容。

「店的周遭一帶雖然隨著時代的變遷紛紛築起了大樓和公寓，但我仍希望能繼續謹守傳統的土窖和製作方法。這也是對上門的顧客以及祖先表達感謝心意的最好方式吧！」史子女士微笑地說道。

P36　芝崎納豆，為天然發酵、黏性很高的美饌。

P37右　在茶店內品嘗冰涼的明神甘酒，搭配的久方味噌也是美味絕品。

P37左　購買袋裝販售的甘酒即可在家享用冰涼冷飲或是冰沙，體驗熱飲以外的不同風味。

重要的是「現在」

歷經五世紀的老舖和菓子屋

とらや

創業：室町時代後期
代表者：黒川光博
地址：東京都港区赤坂四ー九ー二二
電話：〇三ー三四〇八ー四一二一(代)
HP：http://www.toraya-group.co.jp/
業種：和菓子製造・販售

P38上　とらや赤坂本店。一樓為和菓子賣場，地下一樓設有喫茶・菓寮。
P38下　赤坂本店的店員小尾小姐。
P39　竹皮包羊羹「夜の梅」（小倉羊羹）。

照片・文字：藤井 恵

小倉羊羹
夜の梅
おもかげ
紅茶入羊羹
紅茶
蜂蜜入羊羹
はちみつ
抹茶入羊羹
新緑
夜の梅

「とらや」創業於室町時代後期的京都，為營業長達五世紀的菓子屋。於天正年間成為皇室的御用店鋪，明治二年隨著遷都東京將京都店直接轉移至東京開設。並持續為皇室提供御用菓子直至今日。

小倉羊羹「夜の梅」，是由於紅豆的斷面彷彿黑夜中微白綻放的梅花而得名。為元祿七年就留下記錄的古老菓銘（註：用來頌讚和菓子之美的和歌短詩），而最早出現羊羹的記錄則是在文政二年。夜の梅於大正十二年完成商標登錄，如今已成為とらや的代表商品，與とらや同樣擁有數百年的歷史。

對和菓子而言最重要、決定「內餡」品質好壞的紅豆則只使用北海道產的嚴選紅豆。有淡淡香氣以及溫和的風味，除此之外還帶有長時間熬煮的紮實口感。是一款能感受とらや在製菓上的獨特想法與信念的珍品。

本次採訪的赤坂本店就位於赤坂御用地的斜對面，目前的建物為昭和三十九年所建。在現代化風格中仍然保留傳統的日本美，整體建物以模仿紙燈籠的設計呈現。

店內的陳列櫃中，有羊羹、燒菓子以及依季節更迭的繽紛生菓子、高爾夫球造型的最中等商品。身為とらや的本店，一年四季都能展現出孕育自日本歷史與地方特色的和菓子魅力。

とらや一方面承襲了傳統的菓子、技法以及積極的態度，但同時也以符合現代潮流的感性持續創新。在創業已綿延五世紀的今日，仍然抱持著「製作美味的和菓子，讓顧客品嘗好味道」的信念。不滿足於傳統、持續「進化」的とらや，今後的發展也很令人期待。

P40　禮盒裝　羊羹五小條
P41右　高爾夫最中　ホールインワン（紅豆沙餡）
P41左　最中　御代の春（紅…櫻〔白豆餡〕、白…梅〔紅豆沙餡〕）

堅守不變的味道與傳統
白色更科蕎麥麵的發祥店

総本家　更科堀井

創業：一七八九年（寛政元年）
代表者：堀井良教
地址：東京都港区元麻布三—一一—四
電話：〇三—三四〇三—三四〇一
HP：http://www.sarashina-horii.com/
業種：餐飲店（蕎麥麵）

P42上　成功改良用於白色更科蕎麥麵的蕎麥粉研磨方式，做出與現在使用的更科粉幾乎接近的成品。
P42下　麻布十番周邊有三家掛名「更科」的店，但彼此間並無關係。
P43　守護創業二百年餘年傳統的堀井良教社長（左）與店長根先生（右）。

照片・文字：藤吉光恵

井總本家
總本家
更科堀井
麻布十番
八代鍋

八代目
さらしな

「総本家更科堀井」的歷史始於江戶時代，布匹商・布屋太兵衛來自以手打蕎麥麵聞名的信州，在領主・保科兵部少輔的建議下改開蕎麥麵店，最後選在麻布掛上「信州更科蕎麦処」的招牌營業。

當時的大名屋敷及具勢力背景的寺院也都是往來顧客，於明治時代中葉的極盛期甚至還接過皇后和宮家等的外送訂單。

招牌名物即純白、充滿光澤的細條蕎麥麵。此款「更科蕎麥麵」只擷取優質糙蕎麥中心部位的蕎麥粉來製作，特徵為充滿光澤的純白色、隱約散發出的高雅蕎麥香氣與絕佳的口感。微甜的風味和入喉的順暢感，博得嗜吃蕎麥麵的江戶人好評，因此暱稱為「更科」。

以每天現磨的蕎麥粉現擀製作的蕎麥麵，實屬美味絕品。蕎麥麵製作處的後方，就是研磨自家蕎麥粉的石臼。通常一天會分成兩次，視當天的氣溫、濕度等因素加上長年的經驗來製作蕎麥麵。看著職人迅速熟練的動作，總會不經意地望到出神。

除了白色的「更科蕎麥麵」外，還有摻入當令食材製成的柚子切、艾草切等「另類蕎麥麵」，都是自創業以來的傳統逸品。各季節的應時菜單豐富多樣，以本枯鰹柴魚片熬煮出來的高湯調配製成的麵汁備有甘口（偏甜、淡）、辛口（偏鹹、辣）兩種口味，都很受好評。

総本家更科堀井另外一項值得一提的，便是擁有絕佳的團隊合作。

店內員工的工作氣氛或是與常客間的寒暄，都讓人感覺很舒服。聽著客人與個性活潑的老闆娘間的對話，這幅只有深根當地的老舖才有的光景也不禁令人發出會心微笑。堀井社長笑著說「雖然歷經曲折但仍維持二百年的傳統風味，今後也將會繼續守護下去」。

P44　只取蕎麥芯磨粉製成的純白更科蕎麥麵。
P45右　職人正以迅速熟練的動作製作著蕎麥麵，現磨現擀的蕎麥麵風味絕佳。
P45左　蕎麥麵用大鍋熱水煮好後要立即放入冷水中沖洗。

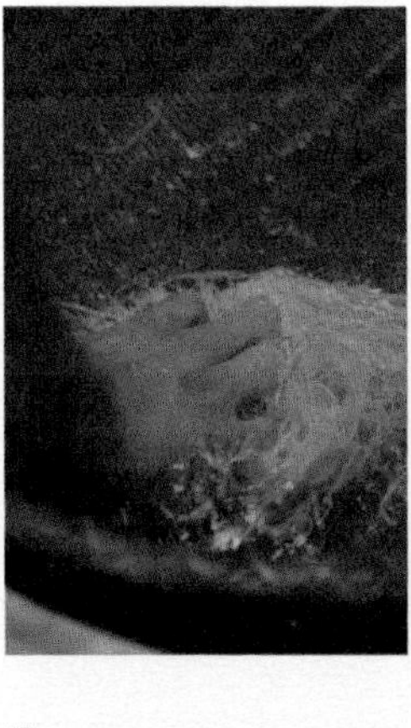

在淺草橋販售「美」的生意
對價值文物的旺盛求知慾

美術陶器　茂吉

創業：一八七二年（明治五年）
代表者：目崎義夫
地址：東京都台東区浅草橋一—一二—六
電話：〇三—三八六三—六五一四
業種：陶器・古董販售

P46上　店鋪的左棟。
P46下　第四代的目崎義夫先生。
P47　對店內所有商品都很有自信，所以並無特別推薦之物。

照片・文字：藤井 恵

淺草橋，是一個人偶、模型製造和衣料品等各式各樣批發店聚集的街區。史蹟很多，自江戶時代以來就是發展熱絡的庶民之街，也孕育出「茂吉」的歷史。從JR淺草橋站西口一出來，店頭就在眼前。目前的販售商品，是以陶器為中心的古董品。店鋪由兩棟建築組成，原本經營米店的左棟主要擺放陶器、右棟則以古董居多。

茂吉為明治五年由初代．目崎茂吉所創立。已深根當地的風土民情，但到目前為止也經歷過多次的存亡危機。其中於大正十二年的關東大地震及昭和二十年的東京大轟炸之際，店鋪都曾遭焚毀殆盡。

就店鋪經營而言，這兩次的災難都是相當大的打擊。但即便如此店家依然持續至今的原因，則是歷代店主對於能在淺草橋經商引以為豪的態度以及對該店有著深厚的感情所致。

現在的店鋪建於昭和三十九年東京奧林匹克運動會之前，之後又歷經五次的改建成了如今的模樣。店主為第四代的目崎義夫先生，不僅珍惜和常客間的長年情誼，也相當重視與新顧客的邂逅。

經營古董是很費心的工作，必須得讀懂買賣雙方的微妙心理。若是真有價值的東西，就算標上高價也會有引領盼望的古董迷。對於「美」的價值觀，十個人就有十種看法。因此在買賣「美」的古董生意中，心情就常會在喜悅和哀愁間翻騰。為了讓買賣雙方達成共識，老闆的精準眼光和經驗都相當重要。將對物品的感動化為工作，這個初代．茂吉當時的願望也持續傳承至今。

P48．P49　店內陳列著陶器、裝飾物、人偶、玻璃製品和衣料品等諸多商品。古董品並無所謂的定價，而是以行情價加上年代．稀有性．保存狀態等來決定價格。

傳統與革新的融合 持續進化的「優雅」風貌

松根屋

創業：大正時代初期
代表者：山本慶大
地址：東京都台東区浅草橋二—一—一〇 松根屋ビル
電話：〇三—三八六三—一三〇一
HP：homepage2.nifty.com/matsuneya/
業種：扇子・團扇・月曆販售

P50上　面江戶通的店門口。
P50下　修理扇軸、製作日曆的空間。
P51　打開扇子就會有好運兆。基本上是以右手大拇指先移開最外側的扇骨，再揮動扇子讓扇面展開。

照片・文字：藤井 惠

50 以上
¥33
100 以上
¥30
平成二十五年
CALENDAR
自信は成功の第一の秘訣である
日 SUN
月 MON
火 TUE
水 WED
木 THU
JANUARY

作為通往淺草寺的街道，自古以來就有源源不絕的參拜客，淺草橋如今已發展成為最大的批發街。位於該區的扇子・團扇批發店「松根屋」與淺草有深厚淵源，販售的商品種類繁多。店內的祭典用大團扇、歌舞表演用的扇子、夏天納涼用的團扇等，都能實際拿起來端詳選購。目前是由第四代的山本慶大先生負責店家營運。

初代・慶一是山本慶大先生的曾祖父。慶一曾經在團扇批發店的本家「松根屋」擔任掌櫃。後來於大正時代初年經過許可分家並沿襲店號，在入谷開設了「松根屋扇店」。店家營運發展順利，直到關東大地震後才遷移至台東區淺草橋的現址。

扇子又被稱為「末廣」，打開後前端呈現出的扇形有萬事萬物繁榮興盛之意，所以被視為是吉利之物。因此也有贈送扇子當做賀禮的風俗習慣，在祝壽、結婚儀式和慶祝宴會等場合時也會被當成記念品贈送。

如今隨著空調等設備的普及，扇子的需要性也減低了。不過，希望能將傳統的「優雅」氛圍導入生活中而持續愛用的人也不少。挑一把中意款式的扇子來用，不僅可轉換心情，在整體造型上還有畫龍點睛之效。

山本慶大先生提議在傳統優良設計中加入現代元素、製造創新風格的扇子，並成立了新品牌「松善堂」。以在扇子的圖案構圖上加入現代風為概念，聘請女性設計師發表時髦的扇子款式等，正如火如荼地展開活動中。

一方面承襲自古以來的傳統，同時也抱持著革新想法的松根屋。今後將會激盪出什麼樣的火花呢？著實令人感到期待。

P52・P53右　月曆除了針對法人的大宗販售外，也有運勢曆等商品。

P53左　可輕鬆選購舞扇子的空間，五支以上即享批發價格。

「以誠信經營家業」延續一百五十年一子相傳的製法

鮒佐

創業：一八六二年
代表者：大野佐吉
地址：東京都台東区浅草橋二ー一ー九
電話：〇三ー三八五一ー七七一〇
HP：http://www.funasa.com/
業種：佃煮製造・販售

P54下　淺草橋的商店門前。不開設分店，全由歷代當家親自在店內負責製造。
P55　五種口味混合・曲物裝。（海帶・牛蒡・蛤蠣・蝦・鰍仔魚）

照片・文字：藤井 恵

区浅草橋二
丁目一ノ九
鮒佐

¥22,050
¥22,050
東京都

「鮒佐」創業於幕末的動盪期．文久二年，由初代．大野佐吉在江戶淺草見附外的淺草瓦町開設了店面。

佐吉與佃煮的相遇，是某天他前往隅田川河口時所發生的事。因為一場意料外的暴風雨而到佃島避難，那時吃到當地漁師款待的「鹽煮小魚」後深受感動，所以開始做起了佃煮。在那個年代佃煮只不過是漁師的保存食，將剩餘的魚貝類一起丟下鍋加鹽燉煮而成。佐吉想到了嶄新的做法，首次使用當時還屬於高級品的醬油。並獨自進行改良，採取魚歸魚、貝類歸貝類的方式將食材分開來煮，奠定了現在佃煮的原型。這也是鮒佐被稱為「佃煮元祖」的原由。

鮒佐自創業以來就只專做佃煮，並遵循初代．佐吉「以誠信經營家業」的宗旨一路走來。不假手職人、而是「一子相傳」由老闆親自站在鍋釜前傳承製法，也與以前完全一樣使用薪材為燃料。另外，初代．佐吉的名字會代代從戶籍上襲名，目前是由第五代負責製造。在製造的過程中，卻完全不見老闆品嘗味道。聽說是試味道時，會被身體和氣候的狀況左右所致。

鮒佐的佃煮可搭配白飯、茶泡飯和下酒菜享用，或是當成飯糰、什錦飯的配料也相當美味。若於夏天，將涼水淋在冷飯中也別有一番風味。食材方面，則有海帶．牛蒡．蛤蠣．蝦．鮊仔魚．星鰻和以及季節限定的蝦虎魚等。

如今，從店頭飄散出來的醬油香氣總會讓來往的行人也不禁佇足。綿延一百五十年、風味濃郁的鮒佐佃煮，買來當作心意十足的伴手禮送人也是不錯的選擇。

P56．P57左　陳列櫃中的商品會依照用途備有各式包裝。
P57右　裝盛佃煮的盒子，有曲物（註：將檜木、杉等薄木板彎曲製成的器皿）．折詰（註：用薄木片折疊成的木盒）．塑膠盒等選項。

由第五代三兄弟繼承的秘法之刀

かね惣

創業：一八七三年（明治六年）
代表者：平野惣一
地址：東京都台東区浅草一－一八－一二
電話：〇三－三八四四－一三七九
HP：http://www.kanesoh.com/
業種：刀具製造・販賣

P58上　店內到處可見充滿下町風情的小物。
P58下　能感受創業一百二十年歷史的招牌。
P59　以傳承秘法鍛造製成的西洋菜刀與日式菜刀。

照片・文字：新井　剛

かね惣

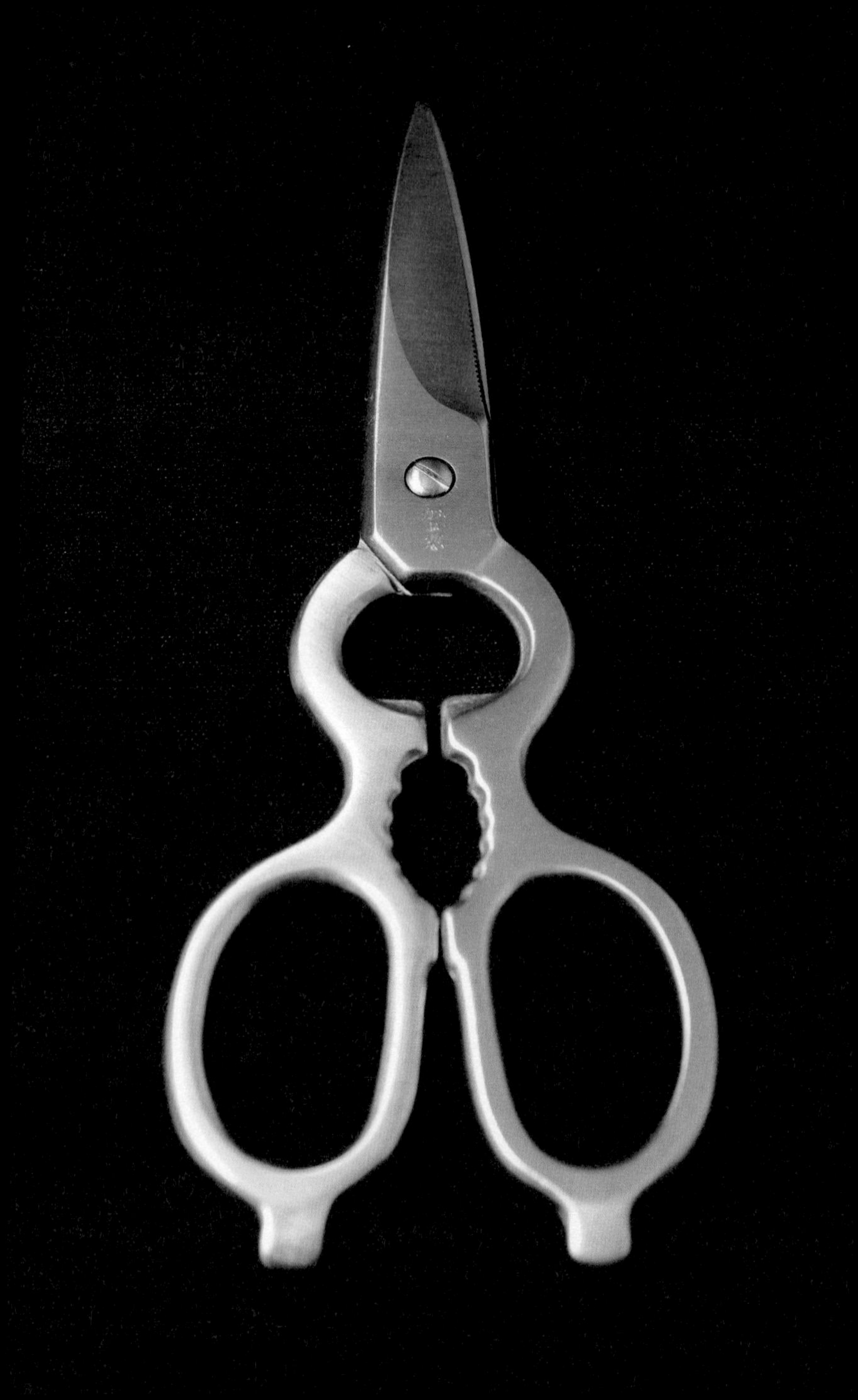

日本著名的觀光地淺草。在觀光客熙來攘往的街道一隅，有間格外引人注目的店鋪。展示櫥窗內，擺滿了大大小小、多到令人驚奇的刀具。來往的行人紛紛停下腳步，視線則完全被展示櫥窗給吸引住。這家就是明治六年創業的老字號刀具店「かね惣」。

かね惣販售的刀具，除了業務用的菜刀外，連家庭用菜刀等所有商品均以獨特的製法鍛造而成。以創業時傳承下來的秘法，打造出鋒口銳利的刀具。かね惣的菜刀，也是眾多知名人士的愛用品。

與菜刀並列的另一項主力商品是剪刀。有木剪・料理剪・切割剪・花剪・握剪等種類繁多，高雅的設計感和卓越的銳利度讓使用過的人無不驚訝。方便好用、切口俐落的程度，不禁讓人心想只要一把料理剪在手或許就不需要菜刀了吧。

第五代當家的平野惣一先生在立志成為設計師的二十歲左右，心中就有「身為長子必須要將初代以來的技藝傳承下來」的強烈想法，於是拜第四代的父親為師每日專研技藝。現在與兩位弟弟共同經營、守護著老鋪的招牌。

「這是祖先代代堅守至今的店，所以也只能繼續傳承下去。我已經做好總有一天要繼承這家店的覺悟。如今在我的心中，就只有在這塊土地上好好守護這家店的念頭」平野先生肯定地說道。從他的眼中看不到一絲絲的遲疑，也讓人感受到了身為第五代當家的自負與熱情。

在かね惣購買的刀具都會經過研磨的程序後才交貨，用意是為了要透過職人的專業眼睛來進行品管。如此重視細節的職人氣質，或許也是受到眾多顧客青睞的理由之一。

P60　也有販售生活中不可或缺的刀具。剪刀的實際重量比外觀看起來要輕盈許多。

P61右　眾多刀具羅列，令人眼花撩亂。

P61左　商品要研磨後才會交貨。必須先在店內的研磨區經過職人的嚴格把關。

堅守客製化調配販售的傳統
世代相傳的淺草老鋪
やげん堀七味唐辛子本舗

創業：一六二五年（寛永二年）
代表者：中島徳明
地址：東京都台東区浅草一—二八—三
電話：〇三—三六二六—七七一六
HP：http://yagenbori.jp/index.html
業種：七味唐辛子製造・販售

P62上　一九四二年從日本橋遷移過來的新仲見世本店。附近還有淺草地鐵通店。
P62下　第十代的中島徳明社長以及總是笑臉迎人的店員河野小姐。
P63　今後也將繼續堅守「按照顧客喜好當場混合搭配的調配販售」，這也正是這家店最佳的醍醐味。

照片・文字：藤吉光恵

「やげん堀七味唐辛子本舖」創業於寬永二年。維持與將近四百年前同樣配製方式的小店舖內，上門光顧的客人從沒間斷。

店名中的「やげん堀」，是取自現今兩國橋的附近、江戶時代最繁華的街區之名。那一帶有許多醫生和藥材批發店，創始者為初代的からし屋德右衛門，當時他嘗試將作為中藥材使用的唐辛子用於調味，最後他混合了多種香料後，即開發出七味唐辛子。之後在江戶地區廣為流傳，香氣與恰到好處的辣味博得好評，從此便成了七味唐辛子的代名詞世代相傳至今。

やげん堀的七味唐辛子基本上設定為「大辛」「中辛」「小辛」等三種辣度販售，其中最推薦的是中辛。辣味與香氣搭配地剛剛好，是最有人氣的商品。不過其實やげん堀最大的特色，是自江戶時代以來從沒變過、名為「調配販售」的傳統販賣方式。

「七味的大辛，再加點山椒的風味……」「我要漆罐裝，中辛、但不要摻大麻仁！」當聽到這樣的對話內容，不禁讓人覺得有趣。對於不知該如何挑選的客人則先推薦標準配製的中辛，但也會當場讓客人嘗試聞聞看各種材料的香氣。顧客和店員、甚至連客人之間的交談都很熱絡的店內氛圍以及販賣方式，都能讓購物增添不少樂趣。

從初代・からし屋德右衛門的時代至今始終如一、世代相傳的傳統。「按照顧客喜好混合搭配的『調配販售』形態，今後也將會繼續保留、堅持、傳承下去」第十代當家的中島德明社長微笑地說道。

P64　最推薦包裝容器的就是木製容器，每一個木紋都有不同的風情。
P65右　除了基本商品外，店裡還陳列著各式各樣的禮盒。
P65左　當時為了在街上販售、同時也作為宣傳商店時所使用的道具，現在作為貴重文物保管著。

將江戶的風味傳承至今
粟善哉元祖的絕妙好滋味

梅園

創業：一八五四年（安政元年）
代表者：清水裕之
地址：東京都台東区浅草一—三一—一二
電話：〇三—三八四一—七五八〇
HP：http://www.asakusa-umezono.co.jp/
業種：甘味處

P66上　店鋪前的紅傘很吸引人目光。
P66下　淋在餡蜜上的黑糖蜜也是由職人在廚房製作而成。
P67　糯黍米的澀味與紅豆沙餡的甜味完美融和的粟善哉。

照片・文字：まつい瑶子

在傳統的食券賣場買好餐券後，坐定位。才一掀開端上桌的黑色木碗蓋，就聞到撲鼻的黍米香味。

還殘留些許糯黍米顆粒食感的黃色米糕上，是經過慢火熬煮、口感滑嫩的紅豆沙餡。趁熱放入口中品嘗，美味到讓人不禁露出滿足的微笑。

位於與淺草仲見世通只隔一條街的梅園，是一家以粟善哉聞名的店。正如小說家永井荷風曾在「踊り子」一文中描述「原本想到梅園吃個湯圓紅豆湯，結果卻客滿……」，每次經過梅園前店內都是高朋滿座的景象，現場候位的人龍也很可觀。

創業於安政元年，一開始是借用淺草寺的其中一間小寺梅園院（ばいおんいんBaionin）的一隅開設茶店。梅園院內有許多梅樹，所以茶店就以訓讀發音（註：日文漢字的發音分為音讀和訓讀兩種，音讀為中國原本的讀法，訓讀為日本特有的讀法）取名為梅園（うめぞのUmezono）。

從初代的清水清藏傳承至今、已成為該店代名詞的粟善哉，其實使用的不是粟米、而是糯黍米。糯米添加黍米蒸熟後，再由職人以銅杵搗成年糕。藉由厚重銅杵落下的重力，即可製作出黏度高、口感紮實的年糕。為了保留糯黍米的顆粒口感，因此會採用不完全搗碎的半搗（五分搗）方式進行。之後放入蒸籠，整日都維持在溫熱的狀態。客人點餐後，才將使用北海道十勝產紅豆製成的豆沙餡放入銅鍋內溫熱，再以熱騰騰的狀態端盛上桌。

另外還會附上鹽漬紫蘇果實一起享用。甜味與鹹味的組合，亦即江戶甘味甜點的典型風味。年糕與紅豆沙餡的甜味以及紫蘇的清涼口感相當調和，是水準很高的一品。

創業當時吸引江戶人趨之若鶩的絕妙好滋味，到了現今的平成時代依舊擁有高人氣。

P68 也有人會坐在這兒小憩片刻。
P69右 店頭處也擺放了各式各樣的菓子販售。
P69左 除了守護初代以來的傳統味道外，也積極投入新產品的開發。

持續守護江戶前天麩羅傳統風味的淺草名店

中清

創業：一八七〇年（明治三年）
代表者：中川敬規
地址：東京都台東区浅草一－三九－一三
電話：〇三－三八四一－四〇一五
HP：http://www.nakasei.biz/
業種：餐飲店（天麩羅）

P70上　第六代店主中川敬規先生。
P70下　全餐料理會安排在別棟數寄屋樣式的和室享用。
P71　典雅的外觀，雖然歷經多次改建但仍保持創業當時的模樣。

照片・文字：藤吉光恵

天麩羅
中清
天麩羅
中清

淺草公會堂正面、稍微僻靜的石板路前方有間獨棟老舖，即明治三年創業、以不變的風味與氛圍博得人氣的天麩羅料理屋「中清」。

初代・中村鐵藏於江戶時代末期，在淺草寺雷門附近的廣小路通上擺起了攤子。明治三年才於現在的場所興建店面，之後雖然歷經關東大地震和空襲燒毀過幾次，但每次都會盡可能地維持傳統、重現創業當時的店鋪模樣。

另外，充滿風情的中庭水池，則是以「讓顧客享受悠然閒情」為宗旨而設計，並代代流傳下來的池塘。

在中清享用的江戶前天麩羅，是將取自東京灣的魚貝食材以胡麻油炸而成。與第三代自幼就熟識的作家・久保田万太郎也很愛吃中清的傳統江戶前天麩羅，過去也曾在文豪・永井荷風的作品中登場過。

中清最有人氣的是以草蝦和青柳貝為食材的知名炸物「雷神揚げ」，名稱的源由是法文學者辰野隆博士覺得看起來像是雷門雷神手上的雷太鼓而來。正如其名，雖然外觀讓人印象強烈，但吃起來的味道卻出乎意外地清爽、深獲好評。

天麩羅本身較難讓人有鮮明的季節感，因此第六代的店主中川敬規先生會以選用當令鮮魚等方式來呈現。

擁有悠久歷史與傳統的中清，也累積不少長達幾個世代都上門光顧的客人。「我其實沒有多大的自豪或野心，能夠代代傳承下來也是多虧各位顧客的關照。雖然隨著時代變遷有些東西也必須要有所改變，但我希望能繼續將這份味道與傳統守護下去。」

中川先生帶著謙虛的笑容娓娓道來，他的為人風格也是這家店的魅力之一。

P72　中清的名物「雷神揚げ」據說只使用草蝦和青柳貝製成。
P73右左　從每間和室都能欣賞到水池中庭景致的用心設計。

以毫不妥協的堅持孕育出的極致壽喜燒

ちんや

創業：一八八〇年（明治十三年）
代表者：住吉史彥
地址：東京都台東区浅草一—三—四
電話：〇三—三八四一—〇〇一〇
HP：http://www.chinya.co.jp
業種：餐飲店（壽喜燒・涮涮鍋）

P74上　從面向雷門的左手邊走進去，即可看到「ちんや」的招牌。
P74下　第六代店主的住吉史彥先生，是一位身兼多職的優秀領導者。
P75　ちんや店內的點餐份量最少為兩人份。

照片・文字：新井 剛

ちんや
ちんや
出口

「壽喜燒」的權威、如今仍然繼續營業中的老字號壽喜燒店「ちんや」，就位於人潮眾多的下町、吸引大量外國人造訪的觀光一級戰區淺草。

從面向淺草雷門的左手邊進去，即可看到一棟別具特色的紅磚建築，讓人忍不住好奇心想靠近瞧一瞧。打開拉門進到店內，則完全是另一番天地。在挑高天井的寬敞玄關會有女服務生上前招呼，當被引領至包廂用餐時更是讓人感到訝異，原來整棟大樓都是店鋪所有。利用這樣的店鋪空間，在地下室設有現代風格的家庭餐廳，店鋪入口旁還有精肉店。包廂備有和室與洋式，為和洋融合的風格。

ちんや創業於明治十三年，當時正值壽喜燒的前身「牛鍋」百家爭鳴的時代，現在店內還保有當時的氛圍。料理肉的來源只選擇國產黑毛和牛的牝牛，宰殺後會經過充分的熟成時間（三、四星期），如此即可引出瘦肉本身的美味。另外，肉的切法也很講究。若施加過多壓力會有損肉質表面的滑溜感，所以只用菜刀本身的重量來切即可。與肉一樣，蔬菜和蛋・米等也都是選用國產食材，完全無懈可擊。

目前守護著這份堅持與傳統的是第六代的住吉史彥先生。自平成十三年繼承店鋪後就開始投入推廣壽喜燒文化的這位年輕當家，正努力不懈地追求能讓各個世代都喜愛的傳統味道及經營方式。另外，住吉先生為了提倡傳統產業也積極運用網路的力量，每天都會更新的部落格相當值得一看。

品質至上的料理與平易近人的經營方針，或許就是ちんや受到大家喜愛的理由。

P76　ちんや入口附設的精肉店，可購買以高級黑毛和牛或其他肉類製成的加工品。
P77右　可在高雅的和室內品嘗上等的壽喜燒或涮涮鍋。
P77左　踏進玄關後的挑高天井。

跨時代的高人氣
自在舒適的下町老舖喫茶店

デンキヤホール

創業：一九〇三年（明治三十六年）
代表者：杉平光司
地址：東京都台東区浅草四—二〇—三
電話：〇三—三八七五—二九八七
HP：http://www.denkiya-hall.jp/
業種：咖啡館

P78上　時髦的建物外觀。店家招牌橫跨了明治・大正・昭和・平成各個年代傳承至今。
P78下　充滿復古氛圍的店內。
P79　店內還展示著明治〜昭和期間的Noritake餐具。

照片・文字：まつい瑶子

劃開煎得薄薄的蛋皮，裡面熱騰騰的炒麵飄散出醬汁的香氣。淺草千束通商店街上的「デンキヤホール」，如今仍吸引許多為了招牌菜「歐姆蛋捲」和「水煮紅豆」而上門光顧的人。

店名的源由是創業者杉平寅造以前所經營的電器屋而來。現在由第三代的店主杉平光司先生負責料理，老闆娘杉平淑江負責接待客人。

招牌的歐姆蛋捲是創業者在日俄戰爭結束退役後，前往全國各地反覆試吃試做後才研發出的江戶下町味道。這道餐點在喜好新玩意的淺草大受好評，如今這份風味已經傳承至第三代。

食材方面也很講究，特製的深蒸麵在經過長時間慢慢蒸熟後，麵會變成茶色並充滿咬勁。這種麵條與微甜的醬汁的搭配尤其和諧。

基於「希望盡可能讓客人享受美味」的想法，還提供了淺草當地的やげん堀・八幡屋礒五郎、祇園・原了郭的黑七味・一味粉以及三種類的七味粉，與歐姆蛋捲一起品嘗。按照自己喜好添加的辣味不僅能提升風味，還能品嘗各家不同調配比例的香氣與味道。

創業以來的水煮紅豆則是使用精選北海道產的大納言，費時三天精心熬煮而成，有著優雅的甜味。也有許多客人為了想重溫這道美好的滋味而特地從遠方而來。

「希望讓幾十年沒來造訪的客人依舊能吃到與當時一模一樣的風味，我們會將初代傳承下來的歐姆蛋捲和水煮紅豆的味道始終如一地守護下去」老闆娘杉平淑江說道。裝盛的器皿也持續沿用與當時一樣的款式。

這般認真、誠懇的態度，正是デンキヤホール能在下町受到大家喜愛長達百年以上的理由。

P80　必喝名產水煮紅豆五〇〇日圓，歐姆蛋捲六五〇日圓。
P81右　讓人懷念的桌上型遊戲機，也有為了這個目的而上門光顧的客人。
P81左　如今依舊使用中的電風扇，為芝浦製作所（現在的東芝）的產品。

層次豐富的傳統美味
守護逐漸消失的江戶古老和菓子

浅草　梅源

創業：一九〇七年（明治四十年）
代表者：鵜飼慶之
地址：東京都台東区西浅草三－一〇－五
電話：〇三－三八四一－四一四七
業種：和菓子製造・販售

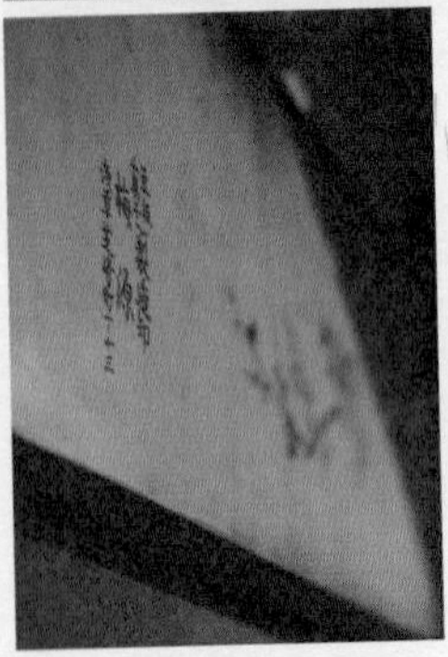

P82上　一轉進巷弄隨即印入眼簾、瀰漫著讓人想坐下來小憩片刻氛圍的入口。
P83　金鍔是店內最有人氣、甜度適中的熱門和菓子。

照片・文字：小嶋文子

小倉金花
一袋 四百円
梅源
芋甘納糖
芋甘納糖
一袋 四百円
梅源

從合羽橋的大街往裡面的巷道走，行經住宅區後即可看到一棟和菓子屋。即為擁有百年以上歷史的江戶古老菓子「梅源」。

明治四十年於神田創業。昭和二年遷移至淺草，專營和菓子的製造・批發。昭和初期，合羽橋通的後面有百間以上的小型菓子工廠，當時巷弄內都瀰漫著一股甘甜的香氣。可是，現在大多數的工廠都已經消失了。

梅源從初代・源兵衛到現任當家・鵜飼慶之先生已經傳承三代，依舊堅持完全純手工作業。不假手任何機器、從備料到最後加工均倚靠人力完成，製作出能品嘗食材原始風味與口感的和菓子。

食材方面也很講究，選用來自北海道產的一級紅豆。內餡則沿襲傳統的製法，以小銅鍋熬煮讓風味得以保留。另外，沒有任何添加物，砂糖也只選用無雜質的產品，持續守護著這份溫和的纖細風味。

以這樣的食材及純手工製作出來的成品，就是梅源的招牌商品「豆板」、「小倉金花」和「石衣」，能充分感受優雅的甜味與食材本身的風味。

梅源在創業之初原本只經營批發，但好味道經過一傳十、十傳百後陸續出現希望能在店內購買的聲音，為了回應顧客的需求所以從二十年前開始也在店頭販售。另外期盼能讓更多的人品嘗美味，因此也提供電話訂購的販售服務。

「店之所以能傳承百餘年，正是因為顧客也追求這份不變的傳統風味所致吧」鵜飼先生說道。即使時代變了、街景換了，仍然持續堅持傳統製法的梅源，今後也將繼續守護著這份橫跨時代的好味道。

P84 陳列在店頭的江戶菓子。
P84右 稀有的菓子小倉金花，目前市面上幾乎只有梅源才買得到。
P85左 乾爽好吃的烤番薯。

連結人與「良理道具」的合羽橋料理道具店

釜浅商店本店

創業：一九〇八年（明治四十一年）
代表者：熊澤大介
地址：東京都台東区松が谷二—二四—一
電話：〇三—三八四一—九三五五
HP：http://www.kama-asa.co.jp/
業種：菜刀、料理道具販售

P86上　第四代店主熊澤大介先生。兩年前才剛翻修過，現在是嶄新的釜浅商店。
P86下　釜浅商店內販售的不是料理道具，而是「良理道具」。
P87　菜刀全出自技藝精湛的大阪鍛造職人之手。

照片・文字：伊勢壯志

「釜浅商店」位於淺草合羽橋道具街的一隅。被小路隔成兩邊的店鋪，陳列著招牌商品菜刀以及眾多料理道具。

明治四十一年初代．熊澤巳之助於淺草合羽橋開設了「熊澤鋳物店」。之後改名為釜浅商店，目前是由第四代．熊澤大介先生繼承。以「好的道具是有理由的」為信念，所以將料理道具稱為「良理道具」；將在店內工作的人員稱為「介紹人」，因為要協助指引顧客挑選出「符合個人需求的商品」。

釜浅商店有販售南部鐵器的鑄鐵鍋、鐵瓶和耐火磚材質炭火爐等為數眾多的商品。其中尤其講究的商品就是菜刀。和式菜刀的製作工序複雜，每個過程都是職人注入全心全意的工作成果。基於希望顧客能善加使用職人精心鍛造的菜刀，以及對參與菜刀製作的職人和產地的敬意，釜浅商店會以剛完成的狀態、亦即「無名品」直接販售。

西式菜刀的材質分為特殊鋼（不鏽鋼）和鋼（非不鏽鋼），依照產地又有刀背厚度、重量平衡感和刀鋒研磨方式等各種不同特徵。釜浅商店為了讓顧客能感受其中的差異，因此會邊請客人實際手握菜刀邊做介紹。

希望顧客買回家的菜刀都能成為好用的慣用刀並永久使用，所以也提供免費刻名的服務。在菜刀的保養方面也備有付費研磨的承包服務，讓人感受到店家對每一項商品都抱持著負責任的態度。

釜浅商店的介紹人會真誠地面對每一樣道具及每一位客人。「期盼顧客能永久使用有理由的好道具。如此一來，我相信『良理道具』就能傳承至後世」。這樣的心願或許將人與良理道具也連結在一起了。

P88　不僅專業廚師、連外國客人也很多。
P89右　釜浅商店購買的菜刀就回釜浅商店研磨。若研磨次數越多，菜刀的尺寸與剛買時相比會小很多。
P89左　有提供菜刀免費刻名的服務，打造一把自己專屬的愛用菜刀。

描繪出日本人纖細的季節感
連梵谷也愛的美麗日本傳統

菊寿堂　いせ辰

創業：一八六四年
店主：高橋久子
地址：東京都台東区谷中二－一八－九
電話：〇三－三八二三－一四五三
業種：千代紙・折紙・布製品製造・販售

P90上　手巾、束口袋之類的布製品也很豐富。
P90下　負責いせ辰商品介紹的高橋久子女士。

照片・文字：中村慧子

元治元年創業
菊寿堂大福帳
谷中 いせ辰店

大名千代紙
不動尊文覚
版権所有
いせ辰

從千駄木車站出來後往前走，即可看到仿流水帳外型、頗具風趣的招牌，吸引人的視線停駐。「いせ辰」是從江戶末期營業至今的江戶千代紙老舖。店內常可見到穿著和服或是來自海外的顧客，正如上一代店主所言「希望打造一家踩著木屐就能上門的店」，不論任何人都能輕鬆踏入並實際感受江戶千代紙之美。從創始者辰五郎的時代維持至今的暖簾，目前由第五代的兄妹四人各司其職接下傳承的使命。

江戶千代紙是將鮮豔色彩的圖案用木版印刷在和紙上，過程中必須一個一個顏色慢慢重疊上去，作業相當細膩。

傳承下來的美麗圖案多達有一千種類，在梵谷作品「唐基老爹」的背景中也能看到いせ辰以前製作的商品圖案。江戶千代紙不僅在國內盛行，也受到海外人士的喜愛。最常見的用途是當成信紙或禮物包裝紙，「希望大家買回去後不要就收起來放著，而是要擺飾在自己看得到的地方」店主高橋久子女士說道。如同海報或畫作般裱框裝飾在壁面，若每個月更換圖案還能「感受季節風情」。並不是等到櫻花綻放了才掛上櫻花的圖案裝飾，而是在桃花凋謝的同時就要換上櫻花的裝飾。

宛如等候下一個季節來臨般的江戶千代紙使用方式，也代表了日本人纖細的四季感受性。經常會被客人詢問哪一款是賣得最好的圖案，「每個季節會不一樣」高橋女士答道。或是先找出自己喜歡的顏色再來尋找圖案，大多就能發現中意的款式了。

將下一個要來訪的季節，用自己喜愛的顏色圖案編織而成的江戶千代紙來裝飾，體會悠然等候的心境也別有一番情趣。

P92　除了代代相傳的江戶千代紙外，還有上一代保留下來的大名千代紙。
P93右　店內也到處可見色彩繽紛的小物・裝飾物等商品。
P93左　傳承下來的圖案多達有一千種。

明治時代以來的和菓子名店
堅持不變風味的美學

谷中岡埜栄泉

創業：一九〇〇年（明治三十三年）
代表者：新島伸浩
地址：東京都台東区谷中六ー一ー二六
電話：〇三ー三八二八ー五七一一
HP：http://www.wagashi.or.jp/tokyo_link/shop/1219.htm
業種：和菓子製造・販售

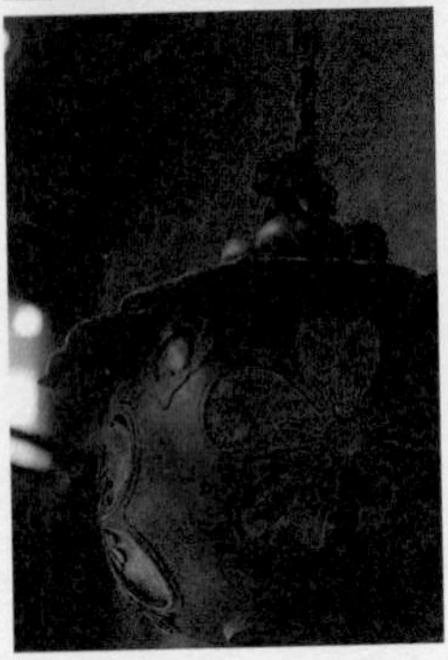

P94上　也有很多人是專程前來岡埜栄泉買合自己口味的豆大福。

P94下　店內隨處都能感受到歷史韻味。

P95　非常引人注目的招牌。這是創業當時的招牌，在戰爭當時曾寄放在寺院內，而得以保存至今。

照片・文字：中村慧子

岡埜榮泉
岡埜榮泉
むし羊羹
浮草
豆大福

位於言問通上野櫻木十字路口附近，有一棟充滿歷史韻味的和菓子店。創業已一百一十三年的「谷中岡埜栄泉」，是從上野的岡埜栄泉總本舖分家出來並沿襲店號的老舖。

一個一個純手工製作、不使用任何添加物的和菓子，累積了不少忠實的顧客。四季應時的和菓子中，最有人氣的就是「浮草」和「豆大福」。

浮草曾榮獲多項大獎，是谷中岡埜栄泉最具代表性的燒菓子。只要提起谷中就會想到生薑。正如店家包裝紙上的圖案，江戶時代從日暮里到谷中一帶是整片的生薑田。浮草即結合當地風土所研發出來的菓子商品。

用本國產的生薑根調味製成的浮草，將糖衣與燒菓子的口感、小倉紅豆餡和生薑的香氣絕妙地融合在一起，讓品嘗過的人都讚不絕口。

另外一樣也稱得上是店家招牌的和菓子即豆大福。由於經常會在中午過後就賣完，所以即使只預約一個也會受理。岡埜栄泉的其他店舖也有販售豆大福，但每家店的紅豆餡都有些微不同。這是因為雖然都使用北海道十勝產的紅豆，但栽種農家若不同就會出現不一樣的風味。

以前曾經在紅豆歉收的時期改使用不同農家的十勝產紅豆，結果顧客品嘗後發覺到風味上的差異。自此之後，就謹守從同戶農家採購進貨、以同樣製法「持續製作同樣的風味」。

店主新島伸浩先生直言：「製作出更多的新款產品雖然也很重要，但我覺得能堅持不變的風味才是更為困難、更加重要的事。」在日益變遷的時代中，能品嘗到同樣味道的安心感或許也是持續受到眾人喜愛的秘訣。

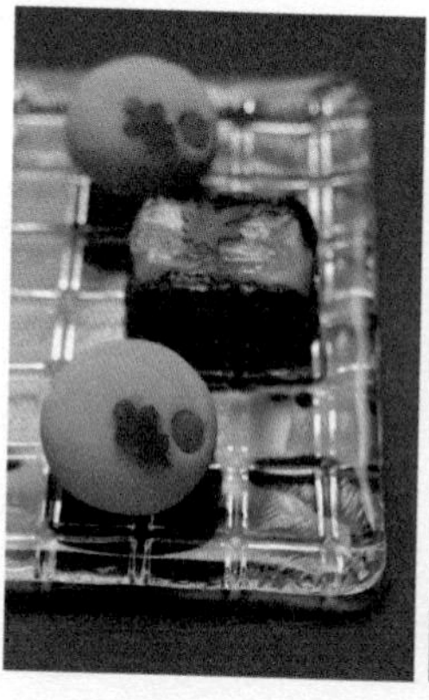

P96　過午之後常會售罄的豆大福即使只預約一個也行。
P97右　店內除了浮草外，還陳列著數種類的燒菓子。
P97左　生菓子會隨季節變化造型，所以能感受四季的風情。

傳承日本自古以來的精緻手藝
三百年的漆器專營店
黑江屋

創業：一六八九年（元禄二年）
代表者：柏原和弘
地址：東京都中央区日本橋一―二―六 黒江屋国分ビル二階
電話：〇三―三二七二―〇九四八
HP：http://www.kuroeya.com/
業種：漆器製造・販售

P98上 創業於元祿二年。
P98下 經理田中利和先生。
P99 江戶的職人偏好使用拿起來較沉的細長形筷子。

照片・文字：小林裕美

往南走越過日本橋後，即可看到一家老字號的漆器店「黑江屋」。這位於元祿二年從漆器名產地的紀伊國名草群黑江村（現在的海南市）來到江戶的人物，在日本橋開設了漆器店。如今仍無法判別這位創始者的姓名，由此可見黑江屋的歷史有多久遠。

黑江屋的商品，在江戶時代時為進貢大名之用，因此一直到明治、大正初期均以販售高級漆器為主。直到關東大地震後一般家用漆器的需求高漲，才開始增加商品的多樣性。這段期間，也由於震災的特別需求而讓漆器產業興盛一時。當時的日本橋被稱為〃通り三軒〃的黑江屋、きん藤、木屋等三家漆器店的生意繁盛，連公卿諸侯也都是往來客戶。

黑江屋在第二次世界大戰期間也曾因空襲而導致店鋪燒毀，後來於昭和二十一年二月在原地興建了小屋重新開張營業。由於時局混亂，所以除了漆器外還有販售電熱器、砧板、木屐和草鞋等形形色色的商品。

目前黑江屋的當家是第十二代的柏原和弘先生。漆器是利用天然的素材費時費工製作而成的塗物。現在雖然以化學塗料為主流，「但漆才是最優質的天然塗料」柏原先生說道。時間越久越能顯現出質感與風味，還有溫暖的觸感。海外一向將漆器視為是日本的傳統工藝品，並稱之為japan。

如今東京幾乎已找不著漆器職人，都已轉由會津等其他地方的職人負責製作。

「能夠將『暖簾』守護至今，是因為沒有被短暫的利益所誘惑，並抱持著重視顧客的心意一路走來」店主說道。黑江屋今後也將不改初衷，繼續提供符合時代脈動的商品。

P101右　很受年輕人喜愛的漆器手鏡。
P101左　以鮑魚貝、夜光貝為材質製作。

名匠職人的工藝精神和技術
江戶刷毛展現天然素材的極致功效

江戶屋

創業：一七一八年（享保三年）
代表者：濱田捷利
地址：東京都中央区日本橋大伝馬町二－一六
電話：〇三－三六六四－五六七一
HP：http://www.nihonbashi-edoya.co.jp/index.html
業種：刷毛、刷子製造・販售

P102上　從家庭用到業務用的刷毛商品一應俱全。
P103下　黑馬毛不求人，使用對肌膚溫和不刺激的天然毛。

照片・文字：小林裕美

「江戶屋」位於日本橋大傳馬町、面朝舊日光街道的路上。從木製招牌、大片暖簾以及別具風格的建築物，能感受到店家的歷史氛圍。

江戶屋的初代・利兵衛出生於江戶中期、文人和繪師聚集的湯島切通，從小就發揮天生靈巧的手藝幫忙繪師製作刷毛。曾前往京都學習刷毛的製作技術，回到江戶後開始製作大奧的化妝刷毛及御抱繪師的刷毛，在享保三年時，於現址蓋起店鋪。並由繼任的將軍賜名「江戶屋」這個屋號。

刷毛的歷史曾經在名為「和名類聚抄」的平安時代辭典中，留有利用玉米鬚作為刷毛，塗漆在容器和弓箭等物品上的記錄。

在江戶時代中期出版的物產解說書「萬金產業袋」中，有介紹各種刷毛的用途。其中的裱褙用糊刷使用了「江戶刷毛」的名稱，此即江戶刷毛之名的由來。如今，江戶刷毛已被列為東京都知事指定的傳統工藝品。

江戶屋使用的刷毛材質有各式各樣，會依照用途來區分使用豬、馬、山羊、狸貓、松鼠、鼬鼠和人髮等等。

明治以後，江戶屋也順應洋化的時代潮流開始製作刷毛以外的刷子製品。

運用傳承至今的江戶刷毛技術，陸續推出從牙刷、衣物刷等生活道具到船舶用的甲板刷、工業用研磨刷等多種多樣的商品。目前，店內販售的刷毛與刷子類產品有多達三千種以上。

不拘泥於傳統，持續創造出新價值的江戶屋。超越時代、讓人愛不釋手的生活道具就在這裡。

P104 維持著仿冒不來的一流品質。
P105左 大小、設計不一的棕刷。店內陳列著形形色色的生活道具。

謹守三樣堅持的秘傳風味
江戶名物佃煮的傳承與創新
日本橋鮒佐

創業：一八六二年（文久二年）
代表者：宮内隆平
地址：東京都中央区日本橋室町一—一二—一三
電話：〇三—三二七〇—二七三一
HP：http://www.ganso-tsukudani.com/
業種：佃煮製造・販售

P106上　廚房入口的暖簾。
P106下　宏偉的建築物外觀。
P107　日本橋鮒佐的招牌商品「金鮒佐佃煮」。

照片・文字：小嶋文子

つくだ煮
佃煮
金鮒佐
日本橋
金鮒佐

佃煮的老舖「日本橋鮒佐」與五十四頁中介紹的淺草橋佃煮老舖「鮒佐」同樣，都是師承佃煮的元祖大野佐吉為始祖。後來鮒佐第三代當家佐吉的弟弟金盛也以第三代之姿在日本橋成立店面，目前由第四代的宮內隆平先生掌廚、負責製作佃煮。

近年來以甘口風味為大宗的佃煮，其實原本基於長期保存的目的會以辛口調味。日本橋鮒佐如今仍以傳統的辛口風味為主流，但也備有其他甘口的商品選項。

鮒佐遵循前代的教誨並謹守三樣堅持，分別是「原料調味料」「火力」「醬汁」。鮒仔魚、牛蒡、星鰻、鰻魚為全年供應，另外春天還有蜂斗菜、夏天有螢烏賊、秋天有鮒魚和蝦虎魚，冬天有草蝦、生牡蠣、生寒海苔等其他口味，都是從築地市場或產地選購鮮度和食材狀態均為最高品質的食材。

用於調配醬汁的醬油自日本橋開店以來，就選用風味濃郁的龜甲萬醬油。最近，也開始使用以三種天然無添加醬油調配製成的溫潤風味特製辛口醬汁。美味重要關鍵的甘味則是選用三溫糖和白雙糖。

火力方面，若為「江戶前佃煮」就邊倒入醬汁邊開大火快速煮滾；若為「まろやか佃煮」則先開中火，再視燉煮狀況轉至最小火。

醬汁不能過濃或過淡，必須調整到恰到好處的黏度和色澤，再搭配新醬油下去熬煮即可增添味道的深度。

從昭和初期到中期所推出的日本橋鮒佐招牌商品「金鮒佐佃煮」，是金盛將承襲自先祖的味道經過反覆試作開發而成。金盛的口味獨創性，以及對商品製作的真摯精神，今後也將永遠傳承下去。

P108 鮪魚佃煮。
P109右 糠蝦、辛口蛤蠣可作成茶泡飯享用。
P109左 糠蝦、蛤蠣、牛蒡、蝦虎魚的江戶前佃煮組合。

喜好書畫的人
務必要來造訪的日本橋名店

有便堂

創業：一九一二年（大正元年）
代表者：石川雅敏
地址：東京都中央区日本橋室町一—六—六
電話：〇三—三二四一—六五〇四
HP：http://www.yubendo.co.jp
業種：書畫材料販售

P110上　位於日本橋室町的有便堂。開店前還能欣賞描繪在鐵捲門上的美麗繪畫。
P110下　固體水彩顏料組，不僅方便攜帶、也很適合寫生。
P111　整齊羅列的天然顏料。鮮豔的色彩即便不是畫作也已讓人留下深刻的印象。

照片・文字：新井 剛

銘柄　岩紅
粒子　NO,10
一両目(15瓦)¥1,008(税込)

日本橋

地處日本橋室町的「有便堂」創業於大正元年。創業當時並無店面，而是從九段上的倉庫將書畫材料用袱巾包起來沿街販售。

後來大正五年在上野不忍池畔成立店鋪，但於昭和二十年時遭空襲燒燬，到戰爭結束後的昭和二十一年才在現在的日本橋重建店面。直至今日，依舊吸引許多書法家親自前來購買書畫材料。

為了符合因人而異而有不同喜好的書畫世界，也廣蒐各種類的紙、墨和顏料。據說用於日本畫的顏料每家店的顏色都不一樣，有便堂自創業當初就以天然礦物、植物和蟲為原料製成的「天然顏料」為賣點，顏色的良好延展性受到很多日本畫繪師的青睞。

另外，寫書法時不可或缺的毛筆也都是由職人手工製作而成，有大大小小各種樣式可選擇。

「希望能讓顧客感受季節的氛圍」店主石川先生說道，因此會特別留意擺放一些明信片、便箋、和風小物之類的商品。而實際上，店內已經有許多具季節感的商品了。

將視線移往商品櫃的上方，到處可見裝飾著色彩鮮豔的日本畫及充滿個性的揮毫之作。邊購物還能邊欣賞到知名書法家的作品，以及由有便堂經手製作的裱框・掛軸等共同合作商品。店內能有如此的布置，也是因為有便堂深得書法家們的信賴所致。

今天也在室町聽到了美麗彩繪鐵捲門被拉起的聲音。才剛開店沒多久，就有一位愛好書法的女性常客和看起來像是觀光客的情侶檔上門光顧。後來那位常客好像選購了和紙、情侶檔則買了信紙套組。

有便堂就是這樣一家「造訪後會讓人想要動筆寫點什麼」的老舖。

P112 信紙套組。日本橋的設計圖案為有便堂的原創商品。
P113右 店內裝飾有書法和日本畫，也可作為確認裱框・掛軸設計之用。
P113左 毛筆、硯台的種類也很多樣。

與日本橋地區共生共存的古美術店

海老屋美術店

創業：一六七三年（延宝元年）
代表者：三宅正洋
地址：東京都中央区日本橋室町三—二—一八
電話：〇三—三二四一—六五四三
HP：http://www.e-ebiya.com/
業種：古董品販售

P114上　懸掛在建築物正面牆上的東洲齋寫樂作品「市川蝦藏」。
P114下　店家的入口處還貼著店主兒子小時候的手繪海報。
P115　由店主搭配的展示品。在十九世紀李氏朝鮮的農具上，擺放法國製的奶油罐與黃銅製煙管。

照片・文字：秋元ちひろ

日本橋的大街上有個格外引人注目的大招牌，即創業已三百四十年、專門販售古董品的「海老屋美術店」。

延寶元年於京都開設三宅利右衛門商店，當時為京都皇室的御用商人。明治時代天皇遷居東京後，也隨之將據點搬至目前的日本橋室町。明治時期以供應皇室蒔繪和銀器等日常用品為業，即宮內省（現在的宮內廳）的御用店家。

轉為販售古美術品、並以海老屋為屋號，則是從目前的第九代店主三宅正洋的祖父、亦即第六代店主當時開始的。過往的歷史記載書物已於關東大地震時付之一炬，所以詳細情形已不得而知。海老屋美術店的歷史，也只能憑藉前代的口語傳述。

店內有茶器、砌茶道具和江戶玻璃等為數眾多的商品。「我對每一樣商品都是有感情的」三宅先生說道，堅持只陳列與日本橋有淵源關係，或是自己覺得有意思的商品。事實上，商品的篩選就是重要的第一個步驟，必須花費很多時間來仔細地鑑定商品。

巡訪古董品市場和業者，並以自己的眼睛確認商品。另外，基於想讓更多的人接觸古董品的念頭，每年都會舉辦數次、稱為がらくた市的活動或是在店內辦茶會，邀請大家感受歷史與文化。

三宅先生所希望的店舖氛圍是一九六〇年代的日本橋，因為那個年代比起現今更能感受到每個人的生活溫度。而實際上，懸掛在店內正面牆壁上的時鐘，就有股會讓人回憶起鄉下爺爺奶奶家的懷舊氣息。

在日本橋担負著時代交流橋樑的海老屋。還保留著古老美好時代的風貌，讓來訪的人感受到復古的幽情。

P116　十八世紀左右李氏朝鮮的酒瓶，作為貯藏液體之用。

P117右　將吹火竹筒當成壁掛式花瓶用，為幕末～明治時代之物。

P117左　木彫山神。明治時代的東北地方，於入山狩獵之前有將自己名字寫在山神背後然後供奉在マタギ神社的習慣。

維持江戶時期以來一貫的鋒利度
別具風格的老字號刀具店
うぶけや

創業：一七八三年（天明三年）
代表者：矢崎 豊
地址：東京都中央区日本橋人形町三—九—二
電話：〇三—三六六一—四八五一
業種：刀具販售

P118上　由明治初期著名書法家・海鶴所揮毫的招牌。
P118下　用旋轉式磨刀機研磨。
P119　所有商品都會刻上「うぶけや」的商標名。

照片・文字：小林裕美

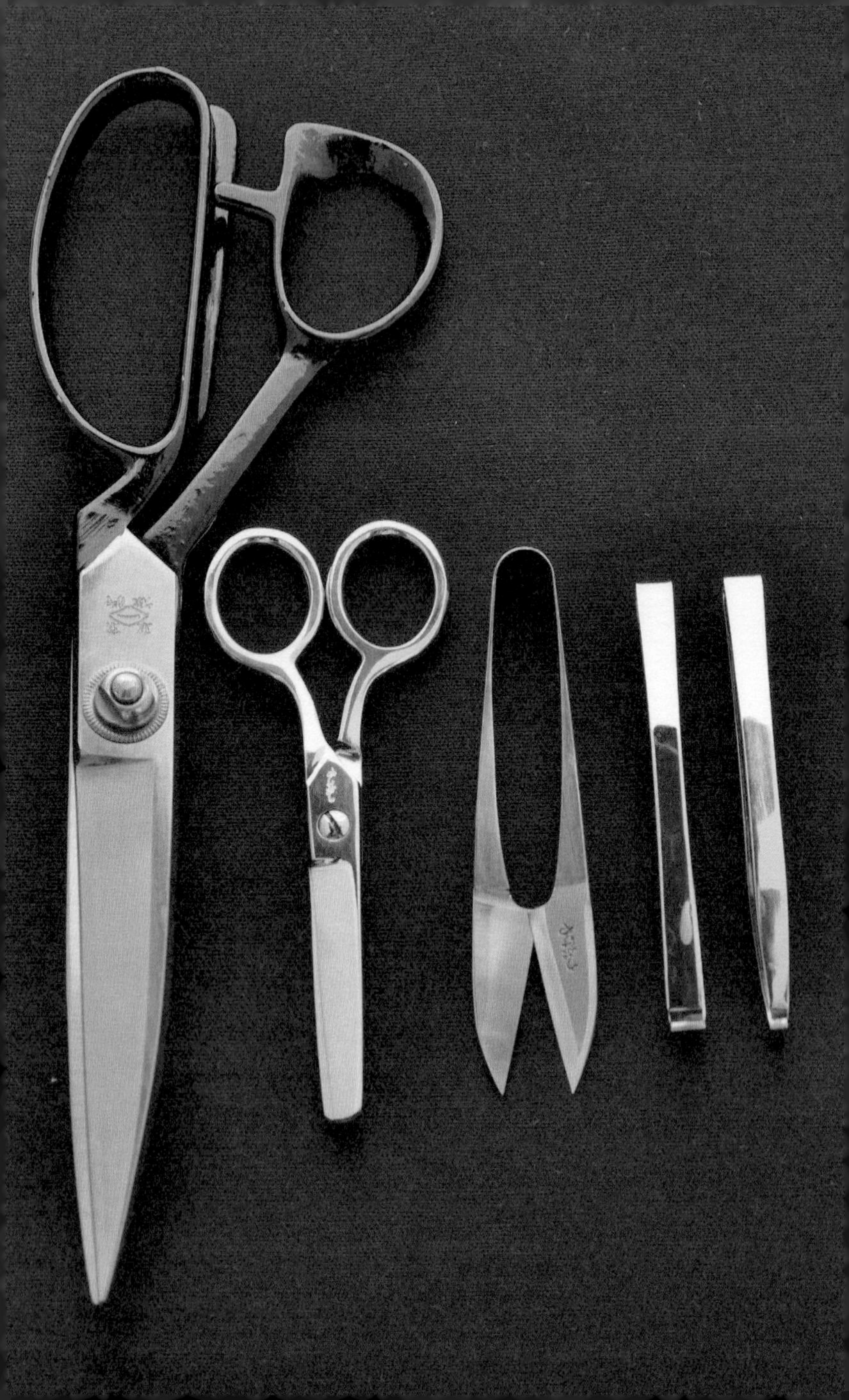

位於日本橋人形町，被大樓環繞的獨棟木造店鋪。從右至左書寫、充滿歷史風霜的巨大招牌以及大片玻璃拉門，每個人經過時都會不禁地停下腳步。

店名「うぶけや」的源由是取自連汗毛都能剃（菜刀、刮鬍刀）、能剪（剪刀）、能拔（鑷子）之意。是日本第一家製造・販售美國剪刀（裁縫剪刀）的刀具店。

江戶時代天明三年於大阪開店，幕末時在現址的附近成立了江戶店，明治初年遷移至現在的場所直至今日。目前的店面建於關東大地震之後，並幸運躲過了東京大轟炸的摧殘。

在零星看到有人穿著洋服的明治初期，當時的第五代當家早早就察覺到裁縫剪刀的需要性，因此委託位於入谷、手藝精湛的刀匠・吉田弥十郎（弥吉）製作。

即使是職人也很難光從外觀辨別刀具的品質。觀察研磨時出現的刀刃毛邊（刀刃內側捲起的不光滑部分），就能鑑定出品質的好壞。輕輕壓下刀刃的毛邊若能「啪啦啪啦」適度地去除就是一把鍛造優良的刀具，若品質不佳的刀具毛邊會呈現「軟綿綿」的狀態。之後再分別使用天然和人工的各種磨刀石，將刀鋒磨成類似文蛤的形狀，這樣才能有切割物品的力量。

確認刀刃鋒利度的方法，是將刀刃順著髮流輕輕滑動。銳利的刀刃，光是本身的重量就會被頭髮卡住。為了不讓東京的研磨工房全面消失匿跡，うぶけや在自家店鋪後方也設有工房。

商品基本上都會刻上商標名，而且基於商家對自家商品的自信以及提供售後服務的責任感，店內完全不販售進口刀具。

為了全國各地的愛用者、守護自江戶以來不變的傳統，うぶけや的職人也將會繼續努力地研磨刀具。

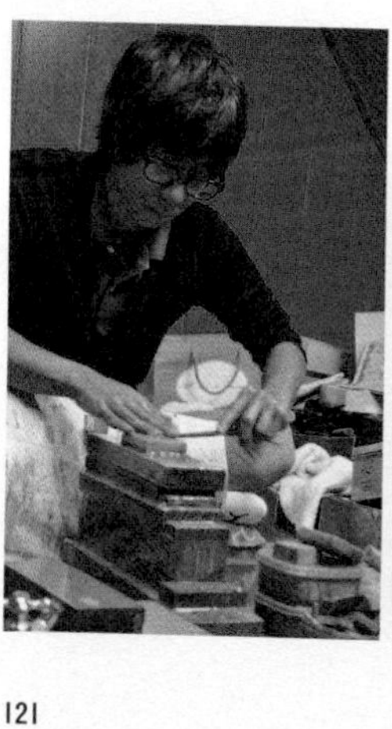

P121左　最後的加工必倚靠手工完成。

追求極致風味
堅持品質絕不妥協的職人精神

清寿軒

創業：一八六一年
代表者：日向野政治
地址：東京都中央区日本橋堀留町一—六—一
電話：〇三—三六六一—〇九四〇
HP：http://mpn.cjn.or.jp/mpn/contents/00002083/page/cp_top.html
業種：和菓子製造・販賣

P122上　店主日向野政治先生。
P122下　整修後仍然在創業的原址開店。
P123　用一次可製作十二個的鐵板仔細烘烤餅皮。

照片・文字：中村慧子

清寿軒

被甘甜溫和的香氣吸引轉進小巷後，即可看別具風情的店門口。在人形町的巷道內設店的「清寿軒」，是一家擁有一百四十年以上自豪歷史的和菓子老舖。

四季皆有不同造型的最中栗子豆沙包，加了大量與紅豆餡很對味的栗子。季節商品的櫻餅和柏餅由於堅持所謂的當令，所以只有在三月三日和五月五日這兩天販售。

其中最有人氣的商品是大判・小判銅鑼燒。銅鑼燒的麵糰中使用的砂糖，是純度較高、口感清爽的白雙糖。內餡則精挑細選北海道十勝產的紅豆，蜂蜜也是使用100%的純蜂蜜。完全沒有任何添加物。以追求極致風味的嚴選素材，製作出外皮芳香、口中餘味清爽的甜味銅鑼燒。「目前的口味是經過反覆試作後的成果，是我相當滿意的一品」第七代的店主日向野政治先生說道。針對蛋、砂糖、蜂蜜等各方面的食材，隨時都抱持著要達到更高品質的目標為挑戰持續至今。

每次品嘗都有新風味感受的銅鑼燒，是拜日向野先生的向上心和努力所賜。因為除了固守初代傳承下來的味道，他還到處品嘗各地的食材邊持續改進味道。從製作麵糰到裝袋為止，全都倚靠仔細的手工作業。內餡製作時也不使用壓力鍋，而是花四、五個小時慢慢熬煮而成。為了發揮嚴選素材的美味，「製作時不考慮時間成本，堅持品質絕不妥協」日向野先生說道。

他的下一個目標，是將這一路追求的好味道傳承給後代。從小學開始就跟著上一代幫忙工作的日向野先生今年也已經五十歲。「接下來得花上十年的時間才有可能全部傳授，這或許也將成為我最後的工作」日向野先生敘述這些話時的神情，不禁讓人感覺到清寿軒的嶄新可能性以及歷史的新起點。

P124 購買的和菓子會裝在仿流水帳圖案的盒子。
P125右 隨著季節變換外型的最中。
P125左 堅持不使用任何添加物製作的銅鑼燒。

以純手工打造而成有著手作溫度的燈籠

杉田屋

創業：一九〇二年（明治三十五年）
代表者：杉田芳雄
地址：東京都中央区東日本橋三—七—三
電話：〇三—三六六一—五八七三
業種：燈籠・暖簾・旗幟・手巾販售

P126上　戰爭結束後由父親・芳五郎先生所興建的店鋪。當時一樓為店面，二樓則是住居空間。
P126下　祭典用的斗笠。
P127　將家庭菜園當成興趣、週末多在做農活的杉田芳雄先生。

照片・文字：山下宜子

神燈
神社
手作り料理

東日本橋馬喰町批發街的一隅，有間以製作燈籠聞名的「杉田屋」。

杉田屋的前身是製造千社札（註：參拜神社和寺院時用來貼在天井或牆壁上的姓名貼紙）以及纏（註：消防隊的組旗）的店，老闆則是確立「江戶文字（註：書寫在燈籠和千社札上的字體總稱）」之稱而廣為人知的專業書法家・高橋藤。大正十四年由現任當家・杉田芳雄的父親・芳五郎先生繼承了該店鋪。

芳五郎先生隨著時代的需求製作燈籠、開店傳單、戰場襷（註：出征時斜搭在兩肩上的布條）等商品。杉田先生也從小學開始就用腳踏車後面拖著兩輪車送貨，或是幫忙研墨製作顏料。高中畢業後前往大阪從事紡織相關的工作，但於轉職期間返回東京開始接觸家業，最後決定繼承杉田屋。目前已一手掌管所有的經營事物。

製作燈籠有兩個工序，分別為骨架、貼紙作業，以及在燈室描繪文字或家紋的作業。經手後者工序的杉田屋，會從水戶或岐阜製作和紙燈籠以及東京與名古屋製作塑膠燈籠燈室、名為「張り場」的批發店採購商品，再用顏料描繪上文字或家紋。

每當遇到節慶祭典町議會和神社就會集中下訂單，所以那段期間就得常在店裡熬夜趕工。「現在是一個什麼都能輕易大量生產的時代。但我們是靠手寫做生意的店，一天能生產的數量極其有限。或許無法賺大錢，但能細水長流。這就是所謂的傳統工藝」杉田先生很堅持以手寫呈現出深厚的韻味。

交付成品給顧客時，當對方說出「還好是交給杉田屋來做」的這句話就會覺得很有成就感，「與上班族不同、完全不需考慮退休這件事，可以一直做下去」杉田先生對於工作的熱情態度，我想今後也不會有任何改變吧。

P128　能以竿子來保管燈籠的挑高天井設計。
P129右　裡面可安裝蠟燭型電池燈的弓張燈籠。
P129左　前方的高張燈籠是在祭典期間置於街角的町議會標誌。

長達百年的「合鴨一品」始終如一的味道與風情

鳥安

創業：一八七二年（明治五年）
代表者：渡邊秀次
地址：東京都中央区東日本橋二—一一—七
電話：〇三—三八六二—四〇〇八
HP：http://www.aigamotoriyasu.com
業種：餐飲店（合鴨壽喜燒）

P130下　鳥安的外觀。雖然平成十七年才剛改建，但仍能感受到老舖特有的氣氛。
P131　連皮直接厚切、稱為ダキ的胸肉。

照片・文字：小嶋文子

中央區東日本橋。穿越大樓林立的街區、離隅田川不遠之處，有一棟三層樓的現代化建築，即明治五年開店的合鴨料理老舖「鳥安」。從還保留日本風情的入口進到店內，隨即可感受到充滿高級感的氛圍。

明治五年，擔任秋田佐竹藩江戶留守居役的初代・渡邊大助，接受交情深厚的第五代當家・尾上菊五郎丈的建議，掛上獨步古今的「合鴨一品」招牌在現址創業。當時合鴨屬於高價食材，是最頂級的伴手禮。橫光利一和谷崎潤一郎等文豪也曾上門光顧，甚至還寫入作品之中。

鳥安自創業以來，就以合鴨一品為主軸菜色。所謂合鴨，指的是公野鴨與雌家鴨交配的雜種鴨。合鴨飼養到三個月左右的「若あい」後將胸肉連皮厚切，放入鐵鍋煎到吱吱作響、再沾上白蘿蔔泥醬油享用的獨特吃法，即鳥安的招牌料理。

鳥安的菜單就只有「壽喜燒全餐」一種。不使用調味醬汁，則是該店特有的作法。而所使用的鐵鍋，材質厚實、鍋底的一部分還呈現下凹狀。這個被稱為「ダム」的設計，是為了讓合鴨多餘的脂肪滴落、避免煎烤時過於油膩。將鐵鍋置於備長炭上，放入名為「ダキ」的合鴨厚切胸肉，再加上嚴選的千住蔥和白蘿蔔泥醬油，風味清爽可口。肉的香氣與蔥的甜味融合，形成絕妙的好滋味。

從創業當初就以合鴨一品傳承至今的鳥安，合鴨的煎烤方式和鐵鍋也都沿襲古法、毫無改變。為了追求這份不變的美味，今天也一樣吸引了眾多顧客上門。

P133右　灑水後更顯風情的石板玄關。

P133左　可在沉穩氛圍中用餐，也備有下嵌式暖爐的和室間。

以舒適度為一貫的原則 穿起來不會累也不會痛的草履

銀座阿波屋

創業：一八七一年（明治四年）
代表者：原田末女
地址：東京都中央区銀座七—二—一七　南欧ビル二階
電話：〇三—三五七一—〇七二二
HP：http://www.awaya.cc/
業種：和服草履・提包・和洋傘・涼鞋・女鞋販售

P134上　銀座展店已餘一百四十年以上，並持續固守著傳統。
P134下　店內陳列的草履樣式都很簡單優雅。
P135　穿上阿波屋的草履後，腳部看起來會比較纖細。

照片・文字：まつい瑤子

我曾有過因草履不合腳而哭泣的回憶。耳聞有技藝精湛的職人能幫忙插入花緒（註：夾腳位置的人字型綁帶），所以就前往造訪「銀座阿波屋」。一踏進店內，就看到狹窄空間內並排陳列的草履和木屐。

也曾在谷崎潤一郎的小說「細雪」中登場的阿波屋，明治四年在巴官町、現在的銀座八丁目創業。昭和初期開始販售以牛皮包覆軟木、名為「現代」的草履，也就是當今皮革草履的原型，一推出即獲得好評。目前店內的產品以船型草履、手工縫製草履為中心，販售穿起來既不會痛也不會累、腳部看起來很有美感的草履和木屐。船型草履的特徵就是好走，同時兼具避震性、輕量和堅固耐用。

手工縫製的草履，是由技術嫻熟的職人精心製作而成。以傳統的技法從造型到最後加工均由一人獨自完成。而且，各部位的接合完全不使用接著劑、而是以針線縫製，所以不會剝落又富彈性、好穿。可是，如今擁有傳統技術的職人已經為數不多了。

阿波屋為了讓草履的優點發揮到極致，因此會由技巧熟練的職人針對每一個人的腳型來調整花緒（鼻緒）。已經穿習慣的人就調緊一點，還不太習慣的人就調鬆一些。據說還會詢問顧客的情況，依照穿草履的頻率和生活習慣來決定插入花緒的方式。

另外，店內常備有三百種以上的花緒，先選好草履或木屐後再挑個中意的花緒做搭配，享受專屬於自己的特製草履樂趣。

從行走的方式、與和服的搭配到保養的方法都會詳細告知，也會鉅細靡遺地回答顧客的提問。正因為阿波屋面對工作時的真誠態度，所以才能守護這塊招牌長達一百四十年之久。

P136　插入花緒時會用到的工具。
P137右　常備有三百種以上的花緒，可挑選自己喜歡的樣式。
P137左　若只是要修理草履或調整花緒，基本上也都會受理。

由「巴西移民之父」所創設
深受文豪們喜愛的銀ブラ元祖
銀座カフェーパウリスタ

創業：一九一一年（明治四十四年）
代表者：長谷川勝彥
地址：東京都中央区銀座八—九—一六 長崎センタービル 一階
電話：〇三—三五七二—六一六〇
HP：http://www.morinocoffee.com/
業種：咖啡館

P138上 壁紙和鏡子都還保留往昔的風貌。
P138下 長年慣用、別有韻味的電動磨豆機。
P139 創業時的店鋪在關東大地震中倒塌，現在的店鋪是昭和四十五年時的重建。

照片・文字：まつい瑶子

CAFÉ PAULISTA
CAFE PAULISTA JAPAN
I Love Coffee
ほじょ犬
MHGGT 16
JAMAICA
MOUNTAIN
COFFEE

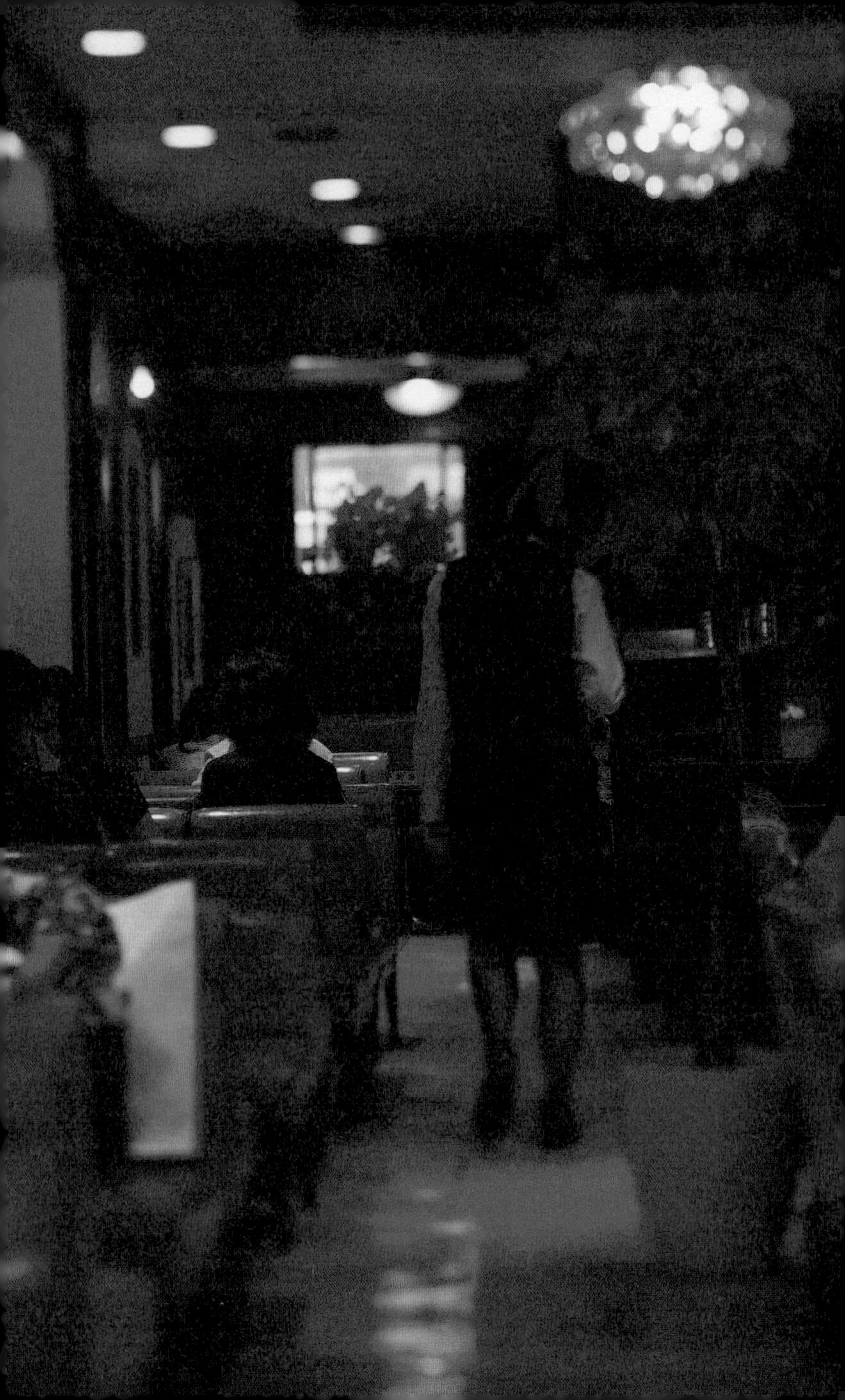

位於銀座、明治四十四年創業的「カフェーパウリスタ」。今天照例吸引許多人上門，邊悠然自得地坐在沙發、邊享受注入厚實咖啡杯內的咖啡香氣。

店名カフェー（cafe）在巴西（葡萄牙語）為咖啡之意，パウリスタ（paulista）則代表聖保羅人。大正二年，由當時還是慶應大學學生的小泉信三等人自創了「銀ブラ」這個新詞。銀ブラ即「前往銀座パウリスタ喝一杯五錢的巴西咖啡」的略語，也被認為是銀ブラ的語源。

水上滝上郎、吉井勇、菊池寬、佐藤春夫等文豪都是坐上賓，約翰藍儂和小野洋子在下榻帝國飯店之際也曾連續三晚都悄悄前往光顧，如今依舊擁有高人氣。

初代為第一任的巴西移民團長・永野龍，後來在銀座開設這家仿巴黎知名咖啡館「プロコック」氛圍的店，成為日本咖啡館的先驅。以一杯五錢的平民價格提供道地的咖啡，營業時間從早上九點到晚上十一點，一天高達四千杯的咖啡銷售量可謂盛況空前，也在日本的咖啡文化歷史中留名。

為了回應友邦巴西免費提供咖啡豆的託付、以及報答巴西移民的辛勞與努力，水野陸續提出推廣咖啡的企劃並致力在全國擴張銷路。

「將優質商品低價供應給顧客，是創業以來一如初衷的信念」カフェーパウリスタ銀座本店店長・矢澤秀和先生說道。

在香氣濃郁的咖啡香中，蘊含著創業者橫跨大正、昭和、平成三個時代持續投注熱情推廣巴西咖啡的心意。

P140　沉穩氛圍的店內。
P141右　店頭也提供咖啡豆的販售。
P141左　也能在設址千葉的Beans shop買到享受咖啡美味的器具。

滿足顧客追求新口味的需求
炸肉排元祖的正統洋食店

煉瓦亭

創業：一八九五年（明治二十八年）
代表者：木田明利
地址：東京都中央区銀座三—五—一六
電話：〇三—三五六一—三八八二
HP：http://www.ginza-rengatei.com/index1f.html
業種：餐飲店（洋食）

P142上　老闆木田明利先生。
P142下　大量使用磚瓦、呈現溫暖氛圍的建築外觀。
P143　繪有明治時代馬車道插畫的招牌。

照片・文字：青山沙織

洋食
煉瓦亭
創業明治二十八年 洋食 煉瓦亭

從銀座三丁目、高級名牌店林立的銀座大街，往旁邊岔路走進去即可看到一家老字號的洋食店，即明治二十八年創業、炸肉排的創始店「煉瓦亭」。

煉瓦亭的店名，是取自銀座曾經被稱為煉瓦地而由來。正如其名，建築外觀及店內都使用了大量的磚瓦，營造出溫暖的氛圍。從地下一樓到地上三樓的店鋪均以桌椅席為主，三樓另外設有和室席。

煉瓦亭的主要菜色就是由初代老闆所研發的「炸肉排」。

炸得酥脆的麵衣、毫無肉腥味的內餡，口感鮮嫩又多汁。再加上大份量的細切高麗菜絲，擺滿整整一盤讓人好不滿足。

其實與高麗菜絲的搭配也是出自初代老闆的點子。

另外，在醬汁方面，將當時主流的多明格拉斯醬改為伍斯特醬的作法也博得如潮的佳評，自此之後「炸肉排配伍斯特醬」就成了熱門吃法。

其他如蛋包飯、炸牡蠣、炸蝦、牛肉燴飯等代表性的洋食菜色，以及將白飯裝盛在盤子上的供餐方式據說也都是源自煉瓦亭。

此外，還在國內工廠釀造特製葡萄酒並對外販售，酒標上也有同樣用於煉瓦亭標誌的馬車圖案。

煉瓦亭開發出許多洋食菜色並廣為流傳，也可以說若無煉瓦亭就沒有當今的日本洋食。沿襲老舖獨有的傳統與技術，並陸續研發出顧客所追求的新口味，此即煉瓦亭永無止盡的鑽研精神。

P144　煉瓦亭的名菜「上カツレツ」。
P145右　二樓店內的桌椅席，可從大片落地窗一望銀座街景。
P145左　自家製葡萄酒，酒標上有與店家招牌同樣的插畫。可於店內享用，也提供外帶。

充滿歷史情懷的街區
饒富風情的根津手巾屋

丁子屋

創業：一八九五年（明治二十八年）
代表者：村田庄司
地址：東京都文京区根津二－三二－八
電話：〇三－三八二一－四〇六四
業種：手巾・日式雜貨製造・販售

P146上　裝飾在展示窗內的印半纏和掛手。
P146下　老闆很喜歡的小豬造型蚊香座。
P147　創業當時的招牌如今依舊。

照片・文字：山本真緒

創業明治二十八年
染物 洗張 丁子屋
丁子屋
洗張 丁子屋

夏目漱石以前曾在根津地區住過，「吾輩是貓」「少爺」「草枕」等諸多名作也都在這兒誕生，其中在「三四郎」這本書中還曾提及根津。主角三四郎和美禰子漫步岸邊的小川，就是離夏目漱石舊居不遠處的藍染川。現在雖然已經成了暗渠，但在藍染川還靜靜流淌的當時，岸邊有好幾家染物店，而如今卻只剩下「丁子屋」一家。

明治二十八年創業。陳列著充滿風情的暖簾、魚缸、蚊香座的店內別具特色，讓人彷彿陷入時光倒流般的錯覺，吸引過往的行人停下腳步一探究竟。打開玻璃門後即可看到形形色色的手巾羅列，還有平易近人的老闆．村田庄司先生。

手巾隨時都備有二百八十種左右的款式，聽說以前都是在當地的藍染川洗滌製作。目前店內只提供販售，但並非現在市面上佔大宗的印染產品，店內所有的手巾均採用正反面都能呈現美麗花紋、名為注染的講究手法。

與手巾擺在一起、稱為「掛守」的小袋子，則是以前人們外出時掛在肩上用來放御守的袋子。

店內羅列著可一窺當時文化的掛守以及種類豐富的手巾，光用眼睛看就讓上門的顧客覺得樂趣無窮。手巾款式中也有現代風格的流行設計，但最有人氣的還是傳統花紋。如今顧客群以年輕女性和外國觀光客居多，這點也不讓人意外。

能讓人回想起古老日本溫暖時光的丁子屋。在根津地區不但能欣賞各式各樣的手巾，還能感受到某種懷舊氛圍的日本風情。

P148 和藹可親的老闆村田庄司先生。店內陳列著色彩繽紛的手巾。
P149右 以注染手法製作的手帕。
P149左 掛手，尺寸較大者也可用來裝小東西。

持續吸引人們的目光
不斷進化的傳統和紙工藝
ゆしまの小林

創業：一八五八年（安政五年）
代表者：小林一夫
地址：東京都文京区湯島一－七－一四
電話：〇三－三八一一－四〇二五
HP：http://www.0rigamikaikan.co.jp/
業種：和紙折紙展示・製造・販售

P150上　在六層樓建築的大樓內，還附設了「折紙會館」。
P150下　店內展示・販售的折紙作品數量相當多。
P151　和紙的長寬比是以「柾版」「菊版」「四六版」等日本獨特的規格統一標示。

照片・文字：茜部幸治

友禅
¥735
竜の

千代紙的老舖「ゆしまの小林」，位於文京區湯島的神田明神、湯島聖堂附近。懸掛在六層樓建築的店鋪、將近四公尺長的巨大暖簾，以及裝飾在櫥窗的眾多折紙作品吸引過往行人的目光。

初代・小林幸助原本在上野寬永寺等地從事紙門師、裱褙師的工作，安政五年才開始跨入染紙業。當時店鋪為三層樓的木造建築，現在的大馬路部分也在腹地範圍內。一直到江戶時代都有利用神田川的水來染布的傳統，當時就以同樣的手法用化學染料來進行染紙。戰後在家庭主婦間開始流行起紙人偶，這項工藝品也被海外視為是日本特有的文化。隨著時代的潮流發展至今，目前店家也成立了「御茶水折紙會館」的設施。

也刊載在國外的旅遊指南書上，吸引了許多海外觀光客來訪。其中令參訪人士最感驚豔的是設於四樓的染紙工房。原本基於避免技術外流的考量絕對不公開的製作現場，在第四代・小林一夫先生當家後開始開放參觀。兩位職人在迅速俐落的染紙過程中看起來相當豪邁，在作業的空檔時間面對提問也會簡單地答覆。

另外一個焦點是一夫先生的折紙表演，他能夠在熟練的動作與飛快的速度中完成作品。更讓人訝異的是，不需要桌面直接在空中就能進行以及視線完全不在紙上即可折出造型。加上幽默風趣的言談，總能逗得參訪者歡心不已。

「不僅要守護傳統，千代紙的設計、折紙的創作等各方面也都要迎合時代的潮流，必須持續開創出新作品才行」一夫先生說道。ゆしまの小林今後也將以符合時代潮流的千代紙和折紙產品，繼續吸引人們的目光。

P152　可前往工房參觀染紙的過程。

P153右　也有許多外國觀光客會來參觀工房，聽說也會大量採購折紙當伴手禮。

P153左　每天都會開辦折紙教室以及各種紙藝相關教室，有多位講師負責授課。

堅持以魚槽養殖
永遠討人喜歡的金魚

金魚坂

創業：一七〇〇年頃
代表者：吉田智子
地址：東京都文京区本郷五—三—一五
電話：〇三—三八一五—七〇八八
HP：http://www.kingyozaka.com/
業種：金魚批發店・咖啡館

P154上　從本鄉三丁目車站走過來約五分鐘，在大馬路旁也設有招牌、所以很好找。
P154下　店內到處都是金魚。
P155　撈到的金魚可以帶回家，或是用金魚兌換咖啡券。

照片・文字：出口香菜

営業中
30名

我才剛走到店前，就從店內突然跑出了一群剛放學的孩童。位於本鄉三丁目、住宅區正中央的老字號金魚批發店「金魚坂」，是由創始者吉田新之助先生於三百五十年前左右在現址所設立的店鋪。目前在東京都內與近郊的專賣店大約有二十一間，但以池子來養殖的只有金魚坂一家。

金魚以前是供奉神明的高價之物。在女兒節時會用金魚來裝飾代表祝賀之意，對一般市井小民而言是遙不可及的存在。「和金」品種是由中國原產的鮒魚突變種—緋鮒培育而來，並歷經多次的改良。到了江戶時代後期開始流行起撈金魚，金魚搖身一變成了每個人都能親近之物。從那個時代開始就與金魚為伍的金魚坂祖先們，一路走來，將提供作為當地居民的心靈慰藉以及樂趣視作最重要的事。

金魚坂的名產，不用說當然就是撈金魚。除了住在附近的當地居民、金魚迷外，甚至還有聽到傳聞後遠道而來的人。春天和秋天最容易撈到，曾經有人在三十分鐘內就撈起二十條之多。加上同時還經營批發店生意，因此能觀賞到各式品種的金魚也是魅力之一。若仔細觀察還能發現金魚的表情和個性，相當有意思。想要小憩片刻的話，店內也有附設咖啡館。這是第七代店主．智子女士的想法，她希望能在這一代有所貢獻，因此在平成十二年開始營運，希望讓上門的顧客都可在這裡開心地待上一整天。

「只要看到客人的笑容就能繼續撐下去」智子女士說道，而她的堅持就是店內絕對要有基本品種的金魚。不拘泥於新品種的金魚，反而引進耐養的東京金魚來賣。或許這就是有三百五十年歷史的金魚專賣店為何可以持續營業至今的秘訣。

大人小孩都喜愛、自然而然就會吸引人們靠近的金魚，相信在今後也將和金魚坂以及本鄉的居民繼續生生不息地迎向未來。

P156　第七代店主吉田智子女士，攝於喫茶店前。
P157右　從創業當時使用至今的魚槽。
P157左　咖啡館內有許多金魚坂粉絲的手作商品。

守護小孩的鬼子母神駄菓子屋

上川口屋

創業：一七八一年（天明十年）
代表者：內山雅代
地址：東京都豊島区雑司が谷三—一五—二〇
業種：零食販售

P158上　都電僅存的荒川線，離池袋的高樓建築群也很近。
P158下　鬼字的上方並沒有角。
P159　老闆內山雅代女士與愛貓。

照片・文字：松本 敦

創業一七八一年
上川口屋

從都電荒川線的鬼子母神前站下車，沿著路往前走不一會兒即可看到櫸木林蔭的表參道。走到底後向左轉就是鬼子母神，境內有間東京都內最古老的駄菓子屋（註：販售古早味零食、雜貨的店家）「上川口屋」。天明十年創業當時是一家糖果店，目前由第十三代的老闆內山雅代女士經營。

為明治時代前所蓋的建物，與鬼子母神堂都躲過了大地震和空襲的摧殘，古老懷舊的氛圍也吸引許多人拍照留念。境內的大銀杏樹也被稱為育子銀杏，樹齡約有七百年。與櫸木林蔭道共同被列為東京都的指定天然記念物。

這個地方從安土桃山時代就開始信仰鬼子母神，到了江戶時代參拜者日益增多。被視為安產・育子之神，由於是沒有角的鬼所以要寫成「鬼子母神」、讀成「きしもじん」。

上川口屋的開店時間為早上十時到傍晚五時左右，雨天則公休。小孩和大人會前來買零食，或是跟內山女士聊天。內山女士總是會與帶小孩來買零食的家長親切地交談。有的人會因為懷念以前的某樣零食而跑去購買，也有很多是常客。近年來由於少子化的緣故，來到店裡的小孩也變少了。不過在每年十月舉辦江戶時代傳承至今的祭典「御會式」時，參道兩旁擺滿了攤販、相當熱鬧，晚上還有隆隆的太鼓聲響以及好幾座裝飾著白色紙花的萬燈遊行。

從店家可一望櫸木和銀杏等大樹。春天有耀眼的新綠、夏天可遮擋烈日、秋天會染上鮮艷的顏色，冬天則有度過嚴寒準備冒出的新芽。這片隨著四季變化的景色，就由內山女士和兩隻愛貓共同守護著。

內山女士說「我很開心能遇見形形色色的人，不僅有名人來訪、也有來拍電影的呢」，我想她的為人作風應該也是上川口屋的魅力之一。

P160　夏天在樹蔭下喝彈珠汽水別有一番滋味。也是卡通描繪駄菓子屋時的範本。
P161右　表參道的標記就是櫸木林蔭道的入口。
P161左　左右兩尊仁王像據說身長和身寬都一樣。

珍惜當地食材的心意
世代傳承的江戶前天麩羅

天仲

創業：一八九七年（明治十年）
代表者：鵜澤信一
地址：東京都大田区大森本町一—八—一五
電話：〇三—三七六一—〇八三七
業種：餐飲店（天麩羅）

P162上　店鋪入口。創業至今已重建過三次，目前的店鋪為平成四年所改建。

P162下　第四代老闆鵜澤信一先生（右）與老闆娘惠子女士（左）。

P163　上天丼一六〇〇日圓，食材為炸蝦二・炸魚二・青柳貝加蔬菜的炸什錦。其他還有星鰻天丼、蝦蛄天丼等選項。由惠子女士負責裝盤。

照片・文字：中村英海

海岸 天仲

傳承江戶前天麩羅風味的「天仲」，明治三十年創業於面東京灣的大森町。

創業當時，大森的海苔養殖相當興盛，擁有豐富的新鮮海味。當時是隨著海水浴場興盛、人潮蜂擁而至，海岸邊的餐廳也相繼開張的時代。初代・仲蔵原本是個賣魚小販，偶而請鄰居品嘗的天麩羅料裡受到大家好評，所以就決意在自家開天麩羅店。

目前由第四代的鵜澤信一先生繼承這個風味。創業以來世代相傳的作法，是將江戶前食材只用胡麻油下去炸，雖然在料理的食譜書中常會混合其他油品使用，但以純胡麻油炸才是關東的傳統方式。所以要比一般設定的油溫再高一點，例如炸魚的話就用一百八十度以上的溫度。因為油的種類不同，適合的油炸溫度也會不同。

店內會盡可能選用東京灣捕獲的食材，這是從先代傳承下來對江戶前的堅持。「因為是仰賴大森當地的客人才支撐起來的店，所以當然希望能使用當地的食材」信一先生說道。

如今從遠道而來、愛上這個味道與店家氛圍而上門光顧好幾次的客人也陸續地增加，「希望能一直維持像這樣任何人都能輕鬆入內享用的大眾餐廳」。

食材的料理準備等廚房工作目前都已交由兒子負責，「差不多也該交棒給兒子，自己享享清福了」信一先生笑著說道。

「有位熟識的老伯說要來店裡，但我還是外送過去好了，因為他行動不太方便啊」信一先生笑咪咪地說完後就跨上了腳踏車。雖然店內並沒有提供外送的服務，但這是對常客的一份溫暖心意。當看到這樣的光景，客人一定也會希望信一先生能繼續掌廚不要輕言退休。相信這家店今後也將會繼續受到大家的支持與喜愛。

P164 製作天丼時會將剛炸好的天麩羅浸一下醬汁。麵衣吸附醬汁後，搭配白飯一起吃相當對味。
P165右 創業當時的店鋪照片。以前離岸邊很近，據說從屋內就能釣魚。
P165左 宴會廳空間可提供舉辦忘年會、新年會等各種聚餐。也有適合一個人用餐的吧檯座。

在此地大森已有三百年歷史
人氣老舖的安倍川餅

餅甚

創業：一七一六年（享保元年）
代表者：福本義一
地址：東京都大田区大森東一—四—三
電話：〇三—三七六一—六一九六
業種：生和菓子製造・販售

P166上　店鋪入口。照片左下方的燈籠造型招牌，為美原通商店街的統一設計，很有一致感。

P166下　明治十八年發行的菓子製造營業許可執照（影印本）。躲避戰禍時將它塞進了罐中，直到戰後才在火燒過後的荒地挖出。

P167　名物安倍川餅。二人份的小盒裝中有十八個麻糬，附黑糖蜜・黃豆粉六五〇日圓。

照片・文字：中村英海

創業享保元年
餅甚
電三七六一
六一九六
餅甚
餅甚
せき、のど
大根生姜入り

創業於享保元年的「餅甚」是一家以名物「安倍川餅」廣受歡迎的和菓子店，位於京濱急行線平和島站附近、大田區大森的美原通上。在江戶時代為舊東海道・品川宿和川崎宿之間的這條通道上，因為有許多停下腳步小憩片刻的來往旅人，所以相當熱鬧。

出身駿河（現在的靜岡中部）的初代甚三郎，以駿河屋之名開設了茶店，為旅人提供歇腳處。到了明治時代後駿河屋改成了和菓子店。明治末年時由於店內產品以麻糬為主，所以第八代當家甚三郎就將店改名為餅甚（註一）並沿用至今。

名物安倍川餅，是從補充精力、預防夏天倦怠症的飲食風俗（以鰻魚最有名）而來，原本是作為土用餅（註二）。一般的安倍川餅是在烤麻糬上撒滿砂糖和黃豆粉，餅甚則是在麻糬上添加秘傳的黑糖蜜和黃豆粉。這個做法從何而來已無從可考，但由於受到好評，所以約莫從四十年前開始就變成全年販售的商品。

餅甚的和菓子均為手工製作，其中的安倍川餅則需要全家一起分工才能完成。剛做好的麻糬由第十代的老闆福本義一先生撕成一口大小，再由老闆娘京子女士與第十一代的義孝先生負責搓成圓狀。一次能做的份量，以兩人份的小盒裝為基準大約是三十盒左右。也曾有銀座的百貨公司在偶然聽到傳聞後跑來商談合作事宜，但被回絕了。「因為是家族純手工製作的緣故，雖然用機器能大量生產，但若風味變差就不是我們家的菓子了」。

淋在麻糬上的黑糖蜜，是黑糖・三溫糖溶解於水後再加入煮沸的麥芽糖一起熬煮而成。這個秘傳配方只有歷代的當家才會知道，目前是交由義孝先生負責。使用的水是已有三百年歷史的優質井水，會用在淘米以及其他所有的製作過程中，是能凸顯出麻糬美味與菓子風味的幕後主角。也可以說因為有這個井水才能做得出餅甚的味道。

「如果透過這本書能更增加一些喜愛正統和菓子的人就太好了」義一先生笑著說道。

（註一：日文中的餅即麻糬、年糕之意）
（註二：為了消暑日本自古就有食用「土用蜆」、「土用餅」等食物來增加精力的說法）

P168　第十代的老闆福本義一先生（中）、老闆娘京子女士（右）與兒子義孝先生（左）。

P169右　特別訂製的搗麻糬機。由於搗出來的狀態每次都不同，所以必須隨時確認。

P169左　剛搗好的麻糬溫度很高，要撕成同樣大小、搓成圓狀都是件苦差事。

重視「和」的文化以及人和首都圈最大規模的老舖吳服店

白瀧吳服店

創業：一八五三年（嘉永六年）
代表者：白瀧幹夫
地址：東京都練馬区北町八—三七—一一
電話：〇三—三九三三—〇〇三三
HP：http://www.kimono-shiratataki.com/main.html
業種：吳服店

P170上　第五代店主白瀧幹夫先生。
P170下　店內常備有超過五百款以上的布匹。

照片・文字：鈴木亮裕

位於東京練馬的老舖「白瀧吳服店」，為嘉永六年在上野廣小路、黑門町一帶以販賣種子、油之類的生活雜貨起家。受到當時吳服店興盛的影響也開始賣起了棉麻織品。之後，在練馬附近的顧客牽線下，搬遷至川越街道和所澤街道的交叉路口、以前曾經是赤塚宿場的地方，正式開始經營棉麻織物店。

當時的白瀧總是聚集著許多從川越或所澤前往日本橋做生意，回程時順道過來採買土產（衣服或布料）的人。當時甚至還有「去白瀧會遇到小偷」的說法，連續好幾天都因為上門購物的客人太多而擁擠不堪，甚至還勞動了警察來店內巡邏。當時店家可說是該地區的地標所在，連下赤塚周邊都被暱稱為「白瀧」。

撐過戰中和戰後的混亂、在當地生根茁壯後，原本以棉麻織物和雜貨等為主的商店也開始慢慢轉型為販售絲綢物的吳服店，最後成了現在白瀧吳服店的模樣。

目標是打造一間和服的綜合百貨公司。為了回應所有顧客的「個人風格」需求，因此致力於網羅從正式到休閒款式的各種顏色・圖案・配件等各方面的商品。而且不只販售和服，還會舉辦白瀧文化祭、文化教室等活動。希望學員們能透過學習「和」的文化，接觸到更多的人、事、物，並成為遇見新緣份的契機。

白瀧吳服店有句代代相傳的名言，即「學習的社會」。也就是：學習將好的商品盡量貼近顧客希望的價格，學習款待和體貼之心，學習對應有關和服的各種詢問。

同時重視「和」的文化以及人和，應該就是「白瀧吳服店」長達好幾個世代深獲好評的理由吧。

P172 細緻刺繡紋樣的腰帶。

P173右 三百坪的日本庭園。水池內還有烏龜、鯉魚等生物棲息，一年四季都有不同的美景。

P173左 店鋪內的模樣。能讓人慢慢挑選商品、充滿歷史的氛圍。

「大自然的賞賜」與「眾人的恩情」即人氣長年不墜的理由

株式会社 亀の子束子西尾商店

創業：一九〇七年（明治四十年）
代表者：西尾智浩
地址：東京都北区滝野川六－一四－八
電話：〇三－三九一六－三一三一（代）
HP：http://www.kamenoko-tawashi.co.jp/
業種：棕刷製造・販售

P174上　大正十一年建造、見證時代變動的公司辦公樓。
P174下　宣傳課的石井小姐（右）與總務課的堀內小姐（左）。
P175　建於舊街道的沿路上。棕刷的生產製造在後方的工廠。

照片・文字：松本 敦

西尾商店

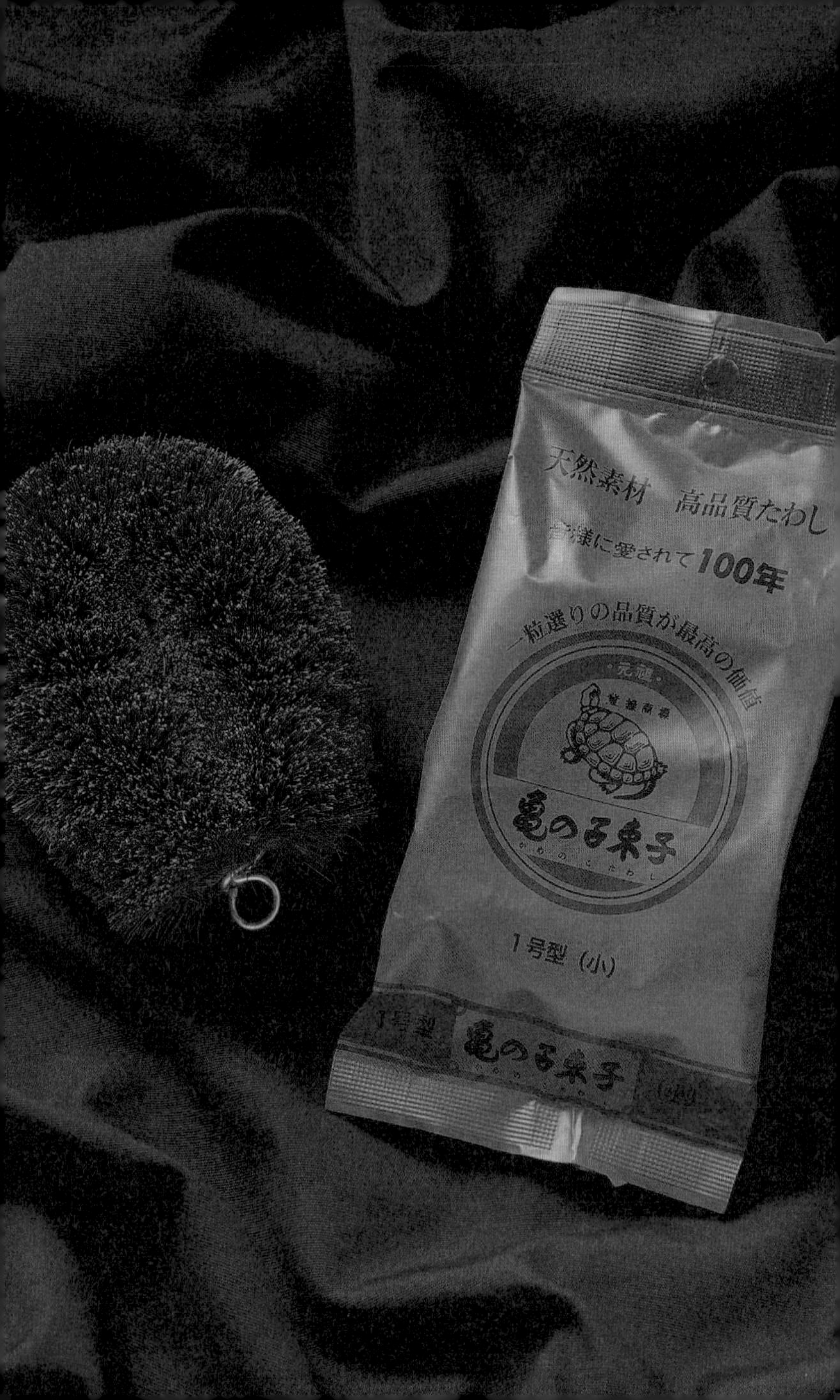
天然素材　高品質たわし
様に愛されて100年
一粒選りの品質が最高の価値
元祖
亀の子束子
1号型（小）
1号型
亀の子束子

亀の子束子西尾商店位於從巢鴨的拔刺地藏尊往庚申塚、板橋方向走，舊中山道沿路、商店林立的北區瀧野川。

充滿歷史感的公司辦公樓建於大正時代，關東大地震時並沒有受到損傷。玄關旁的棕櫚樹，則為建築物增添了不少氣氛。

從玄關進入後，陳列商品的種類多到讓人驚訝。除了大家眼熟的棕刷外，還有各種形狀和大小的棕刷、海綿刷，甚至還有沐浴用品、仿動物造型的吉祥物和小棕刷鑰匙圈。利用公司樓層的部分空間所設立的賣場，古老建築風格的白色壁面與挑高天井讓人印象深刻。除了附近的客戶外，也有許多是在舊中山道散步的途中順道來訪的客人。

棕刷是明治四十年由初代社長所發明的產品。品牌名稱「亀の子束子」「烏龜商標」也於隔年取得了新型專利。

生產過程中除了將棕毛修剪整齊需要使用機器外，其餘的工序自創業以來均為純手工。在發明當時與資源取得不易的戰爭期間曾經以棕櫚為材料，但基本上都是堅持以椰子殼的纖維來製作。纖維會經過嚴格挑選，因此一顆椰子只能做出一個棕刷。被淘汰的纖維則改做繩子之類的產品，完全不會浪費資源。在品質控管上也很仔細，製品檢查就多達了二十五個項目。

棕刷用起來很順手，只需一點點清潔劑就能洗淨油汙。而且相當地持久耐用，廚房用過後還可淘汰至浴室・廁所、屋外使用。棕刷受到許多家庭的愛用、成為長年熱銷商品的秘訣，就是創業以來傳承至今的製法以及嚴謹的品質管理。

P176　棕刷商品的始祖「亀の子束子1號型」。
P177右　用來擦鞋好像有點可惜，就擺在玄關或庭院當吉祥物吧。
P177左　商品依照用途區分，種類豐富。

全國唯一的江戸風物詩
世界僅有的傳統風鈴
篠原風鈴本舖

創業：一九一五年（大正四年）
代表者：篠原 裕
地址：東京都江戸川区南篠崎町四—二二—五
電話：〇三—三六七〇—二五一二
HP：http://www.edofurin.com/
業種：風鈴製造・販售

P178上 「小丸」（左）與「鈴蘭（右）」。可藉由大小、形狀的不同，增添聲音的深度或變化音色。
P178下 江戸川區無形文化財保持者——第三代的篠原裕先生。
P179 篠原風鈴本舖的店頭，正在晾乾待會要進行熔解的玻璃。

照片・文字：青山沙織

江戸風鈴
篠原風鈴本舗

江戸風鈴

「篠原風鈴本舖」創業於大正四年，持續製作源起於江戶時代的傳統玻璃工藝。

目前由第三代的篠原裕先生與第四代共同肩負風鈴的製作。如今還在製造江戶風鈴的工廠只剩下兩處，其中的篠原風鈴本舖不僅經手製造・販售，有時還會舉辦製作體驗和參觀活動。

製作體驗有兩種選項，一是實際吹玻璃、使其膨脹成風鈴形狀，再描圖上色；二是直接在成品上描繪圖案。而且，在製作體驗中完成的風鈴作品還能帶回家。製作體驗一千二百日圓～，參觀則隨時受理。

第二代店主、篠原風鈴本舖會長的篠原儀治先生，平成十六年獲頒名譽都民。此外也曾榮獲江戶川區無形文化財保持者、東京都優秀技能賞、都知事賞等殊榮，目前則以工藝會會長的身份持續活躍中。

風鈴為古代中國的產物，以前並非觀賞用途、而是當成佛具，以消災解厄為目的。據說日本在鎌倉時代就已經傳入，但不是像如今般的玻璃製品、而是銅製風鈴。

玻璃製的風鈴傳說是天保年間才開始在日本出現，當時有長崎的玻璃職人在全國各地販售。不過當時的售價非常昂貴（換算成現在約值二百萬日圓～三百萬日圓），並非一般人能擁有的商品。之後，玻璃的研究與時俱進，隨著玻璃的普及價格也開始往下調，直到明治二十幾年才降至如今日般的價位水準。亦即江戶風鈴的全盛時期。

如今江戶風鈴仍保有一定的人氣，並且維持一個一個純手工製作。持續致力於製作代表日本文化的風鈴、保存風鈴傳統工藝的篠原風鈴本舖，今後也將繼續為日本作出貢獻。

P180 正在進行玻璃膨脹後靜置冷卻的步驟。各式各樣的造型均以手工完成。

P181右 以這些畫筆做最後的描圖上色，會根據大小和圖案來分別選用。

P181左 用於描圖上色時的顏料。彩繪風鈴主要是由第三代店主的妻子和女兒負責。

留存在老街裡的溫馨歷史
與當地密不可分的人情味錢湯

あけぼの湯

創業：一七七三年（安永二年）
代表者：嶋田照夫
地址：東京都江戸川区船堀三—一二—一一
電話：〇三—三六八〇—五六一一
HP：http://www5a.biglobe.ne.jp/~akebonoy/
業種：錢湯

P182上　週四公休，入浴四五〇日圓（小學生一八〇日圓）、入浴＋桑拿七五〇日圓（小學生三八〇日圓）。
P183下　第十九代老闆嶋田照夫先生（左）與第十八代的嶋田廣男先生（右）。
P183　一樓的浴池，隔著窗戶的另一端為露天浴池。

照片・文字：出口香菜

天然温泉

每當開店前，就已經有為了搶泡新湯的常客在排隊等候。靜靜座落於江戶川區船堀街上的「あけぼの湯」，是安永二年持續至今的錢湯老舖。原本擔任小田原北條氏的侍從，北條氏滅亡後轉行為船家並於江戶時代繼承了嶋田家。當時交易繁盛，附近設置了關所、晚間禁止通行，為了那些無法返家的工人們而開始經營錢湯。

從前錢湯的利用者多以自家沒有浴室的人為主，因此經營者是抱著「提供場所讓人洗澡」的態度。但現任老闆・嶋田照夫先生由於是當過上班族後才繼承該店，所以強烈地主張「來者是客，若無款待的心意是不行的！」。

該錢湯的特色，是備有十二種類的浴池、兩種桑拿和天然溫泉。其實興建當時，是在不知道是溫泉的狀態下即展開營業。雖然有客人提過「這裡的水很溫暖呢」，但卻不以為意。直到有次被保健所的人建議「要不要檢測看看？」，這才發現原來是溫泉。透明無色的矽酸泉質錢湯在東京都內僅有兩間。

通常錢湯一天的來客數大約百人左右。不過あけぼの湯平日就有三百人，週末假日則有四、五百位的入浴客，從常客到風聞而來的人都有。其中，還有從北區和澀谷區固定前來泡澡的老人家們。雖然只是素面之緣，但若沒看到熟悉的臉龐還會有點擔心。在鄰居關係日趨淡薄的現代，錢湯也成了最佳的交流場所。

「今後希望錢湯能繼續成為與地區緊密結合的社交場所，不論老年人、家庭客群還是任何人都能開心享受的場所」照夫先生說道。這個充滿溫暖人情味的空間，今天也依然吸引了許多人上門光顧。

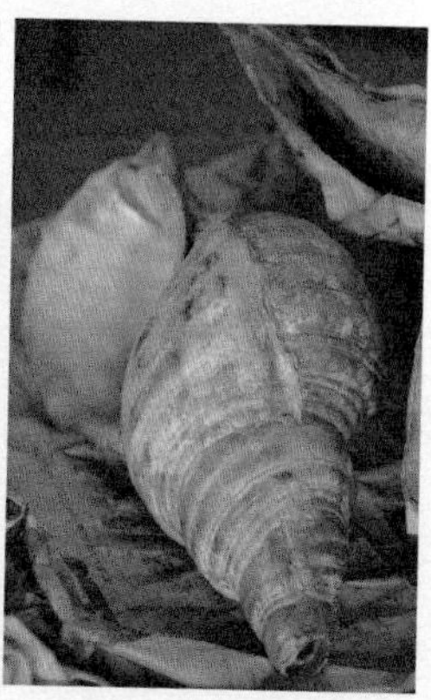

P184 汲取溫泉上來的水井。
P185右 聽說以前會以吹法螺的方式通知開店營業。

療癒人心的和菓子與笑容
高尾山山麓的菓子屋
有喜堂本店

創業：一八九七年（明治三十年）
代表者：峯尾進
地址：東京都八王子市高尾町二二三〇二
電話：〇四二－六六一－一〇〇四八
HP：http://www.8show.jp/store/store_view.php?store_id=S0000641
業種：和菓子製造・販賣

P186下　第四代店主峯尾進先生的妻子雅子。
P187上　門來買伴手禮或是小歇片刻的登山客絡繹不絕。

照片・文字：藤井 恵

有喜堂本店
有喜堂
高尾まんじゅう

登山人數世界第一的高尾山。連結都心的便利交通，又能搭乘纜車輕鬆登頂，所以登山者數量年間超過了二百六十萬人次。是個不論男女老幼都喜愛的人氣旅遊勝地。

「有喜堂本店」，即座落於高尾山山麓的菓子屋。明治三十年，從高尾山藥王院有喜寺授予了「有喜堂」的屋號，以大本山高尾山御用店之姿創業。之後，除了負責奉納高尾山的供品外，也向參拜客和旅客販售豆沙包、煎餅和羊羹等商品直至今日。

店內設有提供茶水與生菓子的喫茶空間，現在已成為登山者的休憩場所。揹著五顏六色背包的登山客們邊享用和菓子邊休息的和室總是熱鬧非常，是一處能交流旅途見聞、又能撫慰登山疲憊的絕佳空間。

有喜堂最有人氣的「高尾豆沙包」，目前是高尾山的熱門伴手禮。白色外皮是紅豆沙餡，咖啡色是紅豆粒餡。以精挑細選的食材，每天用心製作而成。可稱得上是和菓子精髓的內餡，有著微微的紅豆香氣及滑溜的口感，總讓人忍不住想伸手「再來一個」。除此之外，仿楓葉造型的瓦片煎餅「高尾煎餅」等也很受歡迎。

讓人留下深刻印象的則是工作人員臉上的笑容。雖然是有百年以上歷史的老舖，但待客態度既優雅又沒有拘謹感。

建於昭和二年的傳統風格店門口還立著手寫菜單的招牌，散發出一股溫馨的氛圍，彷彿能撫平登山的疲憊與平日的鬱悶。當聽到「要不要進來休息一下」的招呼聲後就讓人不自覺地停下腳步，有喜堂本店就是這樣的一家店。

P188　「高尾豆沙包」（白…紅豆沙餡、咖啡色…紅豆粒餡）。
P189右　「高尾煎餅」（麵粉、砂糖、蛋等材料均遵循創業當初的比例調配）。
P189左　人氣商品羅列，不僅受到登山客喜愛、還可當成返鄉時的伴手禮。

集釀造醬油的精華於一身
五郎兵衛醬油的濃郁甘醇風味

近藤釀造

創業：一九〇八年（明治四十一年）
代表者：近藤 功
地址：東京都あきる野市山田七三三—一
電話：〇四二—五九五—一二一二
HP：http://www.kondojozo.com
業種：醬油製造・販售

P190上　一樓為進行製麴等工序的醬油釀造廠，二樓為事務所。
P190下　除了醬油外，還有以此為基底製成的調味醬油等產品。
P191　現任當家近藤功先生。從招牌的殘痕可感受當初醬油釀造廠的氛圍。

照片・文字：山口祐太郎

清酒
専用通箱
島根の

キッコーゴ
五

沿著五日市街道走到秋川溪谷的入口處，有間醬油釀造廠「近藤釀造」。從前每個村莊都會有一兩間醬油釀造廠，是生活中不可或缺的存在。不若現今流通業的發達，因此調味料等日常生活的必需品都必須仰賴各地區自行製造。

創始人近藤五郎兵衛先生，於明治二十二年進入東秋留二之宮的早川醬油，以家僕身份進行修業。勤奮努力工作下累積了開業資金，明治四十一年在西秋留村渕上開始經營起醬油釀造業。但由於西秋留村已有同業存在，因此於大正十二年為了尋找新天地而遷移至增戶村山田（現在的秋留野市）。

以キッコーゴ為品牌名稱的近藤釀造醬油，使用嚴選的國產大豆純天然釀造，無任何添加物。另外，還有第三代當家近藤功先生集結代代相傳的釀造醬油精華所製成的「五郎兵衛醬油」。這款醬油的特徵，是在釀造時將食鹽水的用量壓至最低限度。

醬油是如何製作的呢？概略地來說，就是以蒸到柔軟的黃豆和炒過的小麥培養醬油麴菌，注入食鹽水後製成諸味（註：黃豆、小麥、食鹽水混合成麴後成為含水份的固體狀），再放入約二公尺高的杉木桶內長時間熟成，最後經壓搾流出的液體就是生醬油。此時為了製成諸味通常會注入一二〇%的食鹽水，而「五郎兵衛醬油」則以低於一〇〇%的食鹽水製作。如此一來諸味較為濃稠，攪拌時變得費時費力、壓榨出來的醬油量也會減少，但卻能製造出鹽分不高、濃縮甘醇風味的醬油。

望著攪拌諸味的當家背影，彷彿正述說著製作過程中所付出的時間和努力，以及代代傳承的職人之心。

P192　醬油釀造廠的隔壁設有直營店，能買到醬油等產品。
P193右　二公尺高杉木桶並排而立的醬油釀造廠，有種經年累月的歷史氛圍。
P193左　長年使用的攪拌棒。

在青梅的老舖傘屋
邂逅可用上一輩子的傘

ホテイヤ傘店

創業：天保年間（一八三〇年～一八四三年）
代表者：荒井亮太郎
地址：東京都青梅市本町一四二
電話：〇四二八—二二—三二一四
HP：http://www.rakuten.ne.jp/gold/kasaya/ikou/13.htm
業種：傘販售・修理

P194下　胸前掛著Rolleiflex雙眼相機的店主父親。
P195　番傘「青梅傘」與店主荒井亮太郎先生。

照片・文字：井門 功

Hino Tomiko

展示櫥窗內陳列著五顏六色的傘。「ホテイヤ傘店」就位於青梅站附近、舊青梅街道上，為創業約一百七十年的老舖傘屋。創業當時，該地區是被稱為青梅傘的番傘大規模產地，ホテイヤ傘店一開始也是以製造．販售番傘起家。當客人購買青梅傘時會提供在傘面和紙上書寫名字的服務，因此博得好評。

現在的主力商品是國產的高級洋傘。款式有將編織好已染色的布拆線後、再以經紗織成的「解織」傘，以及數量為一般傘兩倍的十六根骨架傘等等。「解織傘被雨淋過後，濕潤的色澤看起來會更漂亮」店主荒井亮太郎說道。

顧客購傘時會提供免費刻名的服務。但並不是像以前一樣寫在傘面上，而是刻在傘柄的部分。「昭和四十年左右有定期舉辦針對洋傘販售與服務方面的研討會，當時集思廣益出來的點子就是刻名，而我也隨即導入了這項服務」店主娓娓說道。漢字、平假名、阿拉伯數字的正體和草體字型都難不倒他。

每年到了附近的幼兒園和托兒所舉行畢業典禮的季節，就會接到刻名記念傘的訂單。量大的時候甚至多達有八百支，得一個個仔細地在傘柄刻上幼童的姓名然後交貨。「刻上名字的傘彷彿多了份依戀，也不會再將傘遺落在電車內了」。

回到家後要馬上將傘打開晾乾等有關傘的保養方法，也會詳細地為顧客做說明。而且，即使是在別家店購買的傘也會盡可能地幫忙修裡，讓人充分感受到店家珍惜傘的心意。

只要走訪一趟ホテイヤ傘店，一定能找到自己喜歡的款式又能長久耐用的傘。

P196 購傘時會提供免費刻名的服務，所需時間僅僅數分鐘。
P197右 約三百支的兒童傘羅列。
P197左 與傘同為主力商品的皮包。

享受復古氛圍木造建築的豬排店

もりたや食堂

創業：一九〇二年（明治三十五年）
代表者：森田雅男
地址：東京都青梅市住江町七二
電話：〇四二八－二二－〇四五五
業種：餐飲店（豬排）

P198下　第三代老闆的森田雅男先生。
P199　建築物已被指定為青梅市的景觀形成重要文化財。

照片・文字：井門 功

とんかつ
もりたや

從ＪＲ青梅站沿著舊青梅街道走到底後左轉，大約五分鐘路程就會看到豬排店「もりたや食堂」。

店鋪是已建築超過百年以上的日式房屋，彷彿搭乘時光機回到大正時代般的氛圍。一踏入店內，看到老闆就坐在小客廳看著電視還讓我嚇了一跳。店內到處擺設著惠比壽神像、青蛙飾品、日本人偶等老闆個人的收藏品。

創業當時青梅還是繁華的花街，原本是供應河魚料理料亭的もりたや食堂，也常有許多藝妓聚集、不分晝夜地舉辦宴會。熱鬧的盛況，甚至還設有當客人妻子上門找人時可讓藝妓逃離的機關門。一直到了第三代老闆的森田雅男先生才轉為以豬排料理為主。

もりたや食堂最有人氣的是「玉味噌豬排」，此為年輕時曾在洋食店工作的森田先生的自創菜色。將里脊肉塗上特製味噌、以紫蘇葉包覆後下鍋油炸至酥脆，當咬下的一瞬間紫蘇的風味就在口中擴散開來，口感清爽。味噌醬和蔬菜調味醬也都是自家製。

もりたや食堂基本上是全年無休。但營業時間從傍晚五時才開始，即使白天前往店家也無緣享用もりたや食堂的美味佳餚，因此要特別留意。宴會廳不需另付房間費即可用餐，但必須事先預約。

もりたや食堂的最大魅力即美味的料理這點無庸贅言，不過復古的建築物、內部裝潢以及平易近人的老闆，也讓店家的氛圍加分不少。帶著輕鬆的心情就能品嘗佳餚，もりたや食堂就是這樣令人容易親近的老鋪。

P200　人氣菜色「玉味噌豬排」九〇〇日圓。
P201右　店內到處擺設收藏品是源自於第三代老闆。
P201左　裝飾著老闆女兒書法作品的包廂。

堅守百年的傳統
讓文豪也臣服的鰻魚屋
寿々喜家

創業：一九〇一年（明治三十四年）
代表者：枝久保敦郎
地址：東京都青梅市本町一五三
電話：〇四二八－二二－二〇六四
業種：餐飲店（鰻魚・天麩羅・和食）

P202上　掛在店內的招牌。
P203　寿々喜家的人氣招牌菜——鰻魚盒飯（松）。

照片・文字：井門 功

沿著JR青梅站附近的舊青梅街道，有條名作電影看板林立的商店街。明治時代開業至今的和食老舖「寿々喜家」就位於商店街的一隅。

寿々喜家於明治三十四年在現在的青梅站交叉路口轉角處開業。當時附近有個名為初音座的小劇場，曾負責供應觀眾的便當料理。昭和五年搬遷至目前的場所。店家有許多藝妓出入，是一家生意興隆的宴會料亭。

青梅自古以來即販售棉被布料的知名「寢具」產地，從江戶時代就因前來採購寢具的業者而人聲鼎沸。同時亦是繁華的花街，寿々喜家當時也是很多醉客和藝妓聚集的料亭，相當有人氣。隨著時代的遷移，極盛時期曾有高達八十位藝妓的盛況也於七〇年代左右銷聲匿跡了。

為了讓料亭轉型為大眾化的和食店，約於三十年前將店鋪改建成了餐廳。

寿々喜家的鰻魚是採背部切開的方式。這是因為在殘留武家文化的關東，切腹被認為是不吉利的緣故。寿々喜家堅持的信念是每天在客人面前現切鰻魚，讓顧客能邊看到實品邊享受傳統的好味道。寿々喜家的蒲燒鰻魚為關東風，與關西風不同的是加入了「蒸」的過程。藉由蒸的步驟可讓鰻魚的肉質變得鬆軟。

蒲燒的醬汁則從創業以來持續添加熬煮至今，由此可見寿々喜家的鰻魚風味有著深厚的傳統做其後盾。

作家池波正太郎和吉川英治也都很愛寿々喜家的傳統風味，據說經常會來光顧。池波正太郎也曾將寿々喜家寫入書中，也有讀者因此而前來造訪。有機會的話，就來這家歷史悠久的店家品嘗看看連文豪也愛的鰻魚料理吧。

P204 掛在後方的大盤是伊萬里燒的陶器。
P205左 店鋪已被指定為青梅市的景觀形成重要資源。

堅守創業以來的傳統味道 同時也挑戰新嘗試的老舖

大正庵

創業：一九一二年（明治四十五年）
代表者：福田重蔵
地址：東京都青梅市上町三二九
電話：〇四二八－二二－二七六五
業種：餐飲店（蕎麥麵）

P206下　第三代店主福田重蔵先生。
P207下　建築物已被指定為青梅市的景觀形成重要資源。

照片・文字：井門 功

名代
手打
きそば
大正庵
大正庵
そば処
大正庵

從JR青梅站走舊青梅街道後右轉，稍微往前走到市民會館前方即可看到老字號的蕎麥麵店「大正庵」。

初代店主福田萬次郎先生於大正元年在此地開設蕎麥麵店，平成二十四年才剛迎接了創業一百周年。

大正庵的蕎麥麵條微粗、有嚼勁，與微鹹的醬汁很對味。將蕎麥麵沾點醬汁大口品嘗，蕎麥麵的香氣會整個在口中散發出來。

蕎麥麵的佐料也很講究，食譜配方則出自於萬次郎先生的妻子。將橘子皮曬乾磨成粉再加上七味辣椒粉混合而成的佐料，稍微帶點酸味、餘味清爽。佐料的配方如今依舊，已成為大正庵的傳統風味。

目前是由第三代店主福田重藏先生負責經營，由於第二代店主福藏先生早逝，所以也已掌廚約半世紀之久了。

在大正庵多樣菜色中最有人氣的就屬「星鰻天麩羅竹簍蕎麥麵」，端上桌時看到一大條的星鰻天麩羅總讓人驚訝。鬆軟星鰻肉的外層還裹著酥脆的麵衣。大正庵自豪的竹簍蕎麥麵與天麩羅的組合套餐份量十足，不論質與量都能得到大大滿足。

同時，也很積極地在開發新的菜單。「TOKYO X豬肉南蠻」是使用位於青梅市的東京都畜產試驗場所開發的豬肉品牌「TOKYO X」，鮮嫩多汁的豬肉、青蔥、蕎麥麵的搭配與鴨肉南蠻蕎麥麵相比也絲毫不遜色。

邊守護老字號蕎麥麵店的傳統、邊積極導入新嘗試的態度，或許正是吸引源源不絕地顧客上門的原因。

P208　人氣菜色「星鰻天麩羅竹簍蕎麥麵」。
P209右　陳列在階梯上的東京特產品。
P209左　創業當時腳踏車尚屬高價物品，因此在店頭拍照紀念。

持續製作安心又美味的麵包
讓人每天都想吃

ウチキパン

創業：一八八八年（明治二十一年）
代表者：打木 宏
地址：神奈川県横浜市中区元町一—五〇
電話：〇四五—六四一—一一六一
HP：http://www.uchikipan.com/
業種：麵包製造・販售

P210上　從「元町中華街」站徒步一分鐘，前面即元町第一停車場。
P210下　聽說平日上午十一時左右人潮較少，商品種類也較齊全。
P211　高人氣的「英國吐司」，若太晚才去也有可能會賣光。

照片・文字：まつい瑤子

「這裡的麵包很好吃喔」聽到路旁行人的對話，我也不禁被麵包的撲鼻香氣給吸引了進去。一斤三六〇日圓的英國吐司。麵包外皮如同法國麵包的香脆，裡面的口感綿密、彷彿棉花般地柔軟。創業於明治二十一年的「ウチキパン」，已持續守護這份味道長達一百二十四年之久。

「ヨコハマベーカリー」的創始者Robert Clark被稱為是日本吐司的元祖，在他退休後由初代・打木彥太郎繼承了店面並改名為「ヨコハマベーカリー宇千喜商店」營業。隨著麵包飲食文化的普及好評聲浪不斷，為橫濱歷史最悠久的麵包店。

人氣商品「英國吐司」在酵母培養技術尚未發達的當時，是採用以啤酒花熬煮出的原液代替酵母菌來熟成・發酵的英國式製法。

現在仍維持與創業當時幾乎一樣的製作方式。主要原料的麵粉是選用最高級品，液種是以啤酒花、馬鈴薯、麵粉、麥芽、蘋果泥汁、未加熱蜂蜜等材料以一定的比例混合後，將自然發酵熟成的發酵液經過多次續種後製成。麵糰得花費十五～十八個小時進行長時間發酵，透過低溫發酵可做出口感綿密的麵包。

大小則以啤酒花種製作的麵包最能吃得出美味的尺寸為基準。以滿滿的心意、費時間才完成的麵包，比超市內販售的吐司份量要來得大。當今的主流是配合大量生產、符合機械規格的麵包，但只要品嘗過英國吐司應該就會顛覆大家對麵包的既有概念。

今天店內依舊是門庭若市，從帶著小孩同來的年輕夫婦到老夫婦、各個年齡層的客群都有。

P212　使用超過四十年以上的麵包烤箱。
P213右　也有販售瑪芬和磅蛋糕類的產品。
P213左　長年使用的英國吐司烤模。

攝影並非「守舊」應該要隨時走在時代的最前端

五十嵐写真館

創業：一八八七年（明治二十年）
代表者：五十嵐 博
地址：神奈川県小田原市本町四―二―四六
電話：〇四六五―二三―四四二〇
業種：照相館

P214上 位於國道一號線上、裝飾著小田原燈籠的建築物。
P214下 寬敞的等候室。
P215 老闆五十嵐博先生

照片・文字：小林裕美

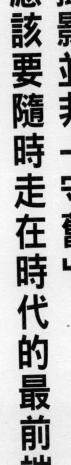

自一八三七年法國人達蓋爾成功發明了銀版攝影技術後，歐美諸國隨即進入了攝影的時代。日本在明治維新前六年的文久二年，由上野彥馬以及下岡連杖兩人分別在長崎與橫濱開設了照相館，就此揭開攝影時代的序幕。

沿著東海岸的主幹道、舊幸三丁目上，有間營業橫跨明治、大正、昭和、平成四個時代的「五十嵐写真館」。

創始人五十嵐ハル是一位女性攝影師，與日本首位營業攝影師下岡連杖也有交情。ハル的父母為了讓她習得一技之長，因此在十三歲時將她送到橫濱的三田写真館當養女。十八歲時與同相館的年輕技師五十嵐条吉私奔一起離開了三田家，結果在野毛經營的照相館也因遭遇大火而變得一無所有，最後帶著一顆鏡頭返回了小田原。

當時的攝影師屬於菁英職業、地位崇高，外出時會穿上羽織袴（註：短外掛加裙褲的和服禮服），並搭乘人力車往返。但還是新手的五十嵐ハル則是每天揹著厚重的器具外出幫人照相，直到明治三十四年才如願以償地開設了照相館。亦即五十嵐写真館歷史的起點。

「『写真館』給人古老的印象，加上又是綿延百年的老舖，因此會被認為是『守舊』。但攝影是一輩子的技術，為了要留傳後世所以更應該隨時走在時代的最前端」五十嵐博先生說道。

除了繼承五十嵐ハル每天外出照相、珍惜「與人結緣」的精神，也沒有忘記要隨時保持挑戰的心態以免辜負了老舖這塊招牌，五十嵐写真館今後也將持續致力於攝影。

P216　還珍藏著前代使用過的相機。

P217右　可出租的服裝。小田原獨特的短上衣。

P217左　目前使用中的照相機。

長年受到當地居民喜愛
歷史悠久的老字號麵包店
角田屋製パン

創業：一八八七年（明治二十年）
代表者：柳田勝彥
地址：神奈川県小田原市本町二ー一ー一〇
電話：〇四六五ー二二ー三三二四
業種：麵包製造・販售

P218上　店鋪位於與國道一號線相隔一條街的幽靜巷道內。
P218下　店主柳田勝彥先生與妻子。

照片・文字：小林裕美

位於小田原城附近、從國道一號線稍微往裡面的巷道走，有間紅磚瓦屋頂的平房建築，即創業已超過一百二十年的老字號麵包店「角田屋製パン」。店內撲鼻的麵包香氣令人食指大動，復古氛圍的內部裝潢也很讓人懷念。

角田屋製パン創業於明治二十年。當時，由於小田原距離在外國人間很有人氣的療養勝地—箱根很近，所以常可見到許多外國人出沒。也因為這個緣故，初代店主為了能早一步引進西洋文化而前往開港後已逐漸西化的橫須賀學習麵包的製作方法，再回到小田原開店。

角田屋製パン的麵包自創業以來均為手工製作。現任的第四代店主柳田勝彥先生依舊不使用速成酵母，而是從前一晚以不經過冷凍的直接法製作，因此每天從凌晨三時就要開始努力做麵包。以自家製吐司做出最受歡迎的「三明治」以及依照喜好提供塗抹果醬或花生醬服務的「軟法麵包」。另外，還有大家熟悉的「紅豆麵包」「波蘿麵包」「三色麵包」等各式各樣的產品。「雖然隨著時代遷移麵包的種類和味道也會跟著變化，但也有些是完全沒變的。因為當中也有老中青三代都持續來光顧的常客」勝彥先生說道。

「我年輕時也曾經對要繼承麵包店感到不安和迷網」勝彥先生繼續娓娓說道。但最後還是到外面工作學習做麵包，並繼承了店鋪。「因為這是一家很有歷史的店啊，我希望能將代代傳承的店鋪和傳統的味道繼續守護下去」。

開店時整個架上擺滿的麵包，中午過後也幾乎都賣光了。這正是角田屋製パン受到當地居民喜愛的證明。傍晚時分走在逐漸昏暗的街上，從店家玻璃窗灑落出來的燈光也讓人感到一絲暖意。

P220 角田屋製パン的店內陳列著各式各樣的麵包。
P221右 麵包是每天凌晨三時開始在店鋪後方的工廠製造。

歷史悠久的箱根名宿
也深得伊藤博文的青睞

環翠楼

創業：一六一四年（慶長十九年）
代表者：梅村美成
地址：神奈川県足柄下郡箱根町塔ノ沢八八
電話：〇四六〇－八五－五五一一
HP：http://www.kansuiro.co.jp/
業種：旅館

P222上　現在的建物為大正八年的建築。當時所採用的玻璃目前在日本已經停產，清澈的透明感讓人印象深刻。
P222下　環翠楼的工作人員。
P223　完全不使用現成品的手作料理。

照片・文字：鈴木亮裕／小嶋文子／小林祐美

已被指定為國家有形登錄文化財的「環翠楼」，是採用日本傳統建築技法興建的老舖旅館。

慶長十九年在箱根塔之澤開設了此溫泉療養所。當年還沒有國道，旅館前面的私人道路也只能夠通行馬車。

明治時期的元勳伊藤博文、西園寺公望等政界大老以及島崎藤村等文人都曾蒞臨造訪，明治二十三年伊藤博文留宿時相贈的漢詩中將當時的建物歌詠為環翠楼，之後旅館就改名為「元湯 環翠楼」。環翠楼即「矗立於綠意中的宅邸」之意。

環翠楼的招牌，是由書法家長三州揮毫的「環翠楼」字體以木象嵌工藝技法製成。「白川洗石」的落款則是目前極少數能被確認的作品之一。目前的建物為大正八年的建築，從全國各地匯集珍貴木材興建而成。

溫泉屬於直接汲取源泉的單純泉，對肌膚溫和、有舒緩神經痛和風濕等症狀的效能。露天浴池位於早川沿岸，可享受箱根的大自然與潺潺的溪流。能欣賞新綠和紅葉等季節的景緻，六月有時還可發現螢火蟲的蹤影。

美食也是旅遊的樂趣之一。環翠楼有提供以當令食材製作、每月更換菜色的懷石風料理，能盡享季節的美味。不採用現成品、而是一樣一樣費時備料，據說連醬油都是純手工釀造。

另外，環翠楼還備有詳載參觀重點的散步MAP。在館內散步時只要一本在手，即可充分感受大正時代的氣氛。

「因為是古老旅館，不便的地方和文化財都必須加以維護，但要如何融合卻是個難題」老闆說道。話雖如此，環翠楼如今依然謹守著往昔的風貌，讓來訪的旅客得以體驗古老美好的日本建築與氛圍。

P224 以杉、櫻、桐等木材打造而成的高格調大廣間。
P225右 從國道望見的旅館外觀。還能聽到一旁早川的潺潺流水聲，讓人感到心曠神怡。
P225左 除了大浴池外還有三間包租浴池。照片中為靜寬之湯，是可享受箱根的大自然與潺潺溪流的露天浴池。

設有袖藏的黑色灰泥土牆倉房代表小江戶的和菓子店

龜屋

創業：一七八三年（天明三年）
代表者：山崎嘉正
地址：埼玉県川越市仲町四－三
電話：〇四九－二二二－二〇五一（本社）
HP：http://www.koedo-kameya.com/
業種：和菓子製造・販售

P226上 川越本店的工作人員。
P226下 川越本店的店內。
P227 黑色灰泥的土牆倉房。

照片・文字：鈴木亮裕

亀屋
川越土産

地處川越的土牆倉房街區，和菓子老舖「龜屋」就位於一番街的入口。這棟同時設有店藏和袖藏的宏偉土牆倉房，黑色灰泥的厚重感彷彿述說著深遠的歷史。

天明三年，初代的山崎嘉七於現址開店創業。之後，代代擔任川越藩的御用菓子司，弘化四年還被京都嵯峨御所授予「亀屋河內大掾藤原嘉永」的資格。襲名山崎嘉七的第四代店主．山崎豐不僅是川越藩的御用商人，還被視為是打造目前龜屋規模的中興之祖。現任店主為第八代的山崎嘉正先生。

龜屋名物薄燒番薯煎餅「初雁燒」，名稱的由來是傳說從前在晚秋時節會有大雁飛到城上盤旋並鳴叫三聲，因此川越城又有初雁城之稱。使用川越番薯「紅赤」製作出的第一號菓子，是一百三十年前第五代店主所想出的創意，由當時的領班．山田寅吉經過反覆試做後才推出的成品。番薯用刨刀削成薄片後，放在撒上黑芝麻和糖蜜的鐵板夾著煎烤，樸實的風味長年來深受大家的喜愛。因為只嚴選優質的番薯，所以一條番薯頂多只能做出四、五片。

其他代表性的和菓子，還有仿龜甲造型的「亀の最中」和肉桂口味的「こがね芋」等等，風味細緻又高雅、每一款都很吸引人。

代代擔任川越藩的御用店、代表小江戸川越的和菓子屋，龜屋相當珍惜這份殊榮與各界的信賴。即使在戰後物資缺乏的期間，也完全不使用在黑市流通的砂糖。

「製程中若有任何不確定的東西就不能給客人品嘗」第六代店主所抱持的信念與自豪，也完完全全地保留至今。

P228　「亀の最中」和「こがね芋」為龜屋的代表性和菓子。
P229右　展示在附近山崎美術館入口的和菓子製作道具，另外還珍藏了御用箱、御用札等物品。
P229左　季節商品「鄉の芋」。

讓「川越番薯菓子」廣為世人所知
小江戶川越的代表名店
亀屋栄泉

創業：一八九五年（明治二十八年）
代表者：中島文昭
地址：埼玉県川越市幸町五—六
電話：〇四九—二二二—〇二二八
HP：http://www.kawagoe.com/kameyaeisen/
業種：和菓子製造・販售

P230上　亀屋栄泉座落於川越一番街的中央位置。
P230下　店內陳列著以番薯菓子為主的各式各樣和菓子。
P231　從明治以來沒有變過的青綠色文字招牌，散發出一股老舖特有的風格。

照片・文字：新井 剛

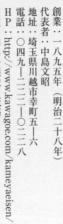

菓子舖
龜屋
榮泉
元祖
芋菓子
龜屋榮泉

店家位於觀光客熙來囔往、川越土牆倉房街區的中心，青綠色文字的招牌格外引人注目。為著名的傳統銘菓發祥店「亀屋栄泉」，製造・販售各式各樣以「川越甘薯」為原料的番薯菓子。

歷史悠久、原本為川越當地知名的茶屋，番薯菓子屋的登錄書上記載的是明治二十八年，不過從茶屋變為菓子屋的詳細時間點已無法確認。現任社長的中島文昭先生為第四代當家，但也只能說是自明治二十八年登錄為番薯菓子屋後算起的第四代。擁有綿長歷史的亀屋栄泉，在明治時代的物產展・品評會等場合中屢次得到金銀獎牌的殊榮。讓眾人留下了「川越番薯菓子」的既定印象，也因此獲頒了「元祖」的匾額。直至今日，人氣依舊維持不墜。

亀屋栄泉的招牌商品有生薑風味的甘薯煎餅「里自慢」、甘薯糖蜜「里土產」和甘薯霰餅「里乃誉」，還有製造・販售炸薯片、番薯羊羹等商品，隨時備有多樣產品種類讓顧客永遠吃不膩。

亀屋栄泉的另一項特徵是，從店鋪正面進來後的右手邊有個充滿懷舊氛圍的階梯，樓上即亀屋栄泉的歷史資料館。收藏著從明治到現代的照片、登錄書和製菓道具等多樣文物，黃昏時分夕陽灑落進來時更添美感。

就在欣賞夕陽美景的同時，中島先生娓娓說道：「川越街區這塊亀屋栄泉的招牌，我希望能抬頭挺胸地繼續努力守護下去，以求不辜負前代的名聲。」從工作人員活力十足的招呼聲、笑容以及充滿魅力的多款番薯菓子，都能感受到川越歷史的縮影。

P232　以川越甘藷製成的里自慢・里土產・里乃誉等三款產品。
P233右　前幾代所使用的菓子模具，設計上融合了松竹梅的造形。
P233左　二樓的資料館中，展示著許多亀屋栄泉的歷史文物。

流傳至川越地區的江戸前壽司
代代傳承的手藝與古雅風情

川越幸すし

創業：一九〇一年（明治三十四年）
代表者：長島威
地址：埼玉県川越市元町一－一三－七
電話：〇四九－二二二四－〇三三三
HP：http://www.kawagoe.com/kousushi/
業種：餐飲店（壽司）

P234上　靜靜座落於川越街上的巷道內。
P234下　第四代店主長島威先生。
P235　也有供應壽司割烹，照片中為全餐料理。

照片・文字：新井 剛

與千葉縣佐原市・栃木縣栃木市並列為關東三大倉房街區的埼玉縣川越市，又有「小江戶」之稱。江戶時代初期因往來於隅田川、利根川、渡良瀨川、新河岸川等地的貨船而成為繁華的「商業街」，同時是流行食物最先卸貨的據點，所以也發展成「美食街」。

在這般流通業發達的極盛期，在街頭巷尾流行起了「壽司攤販」。原本壽司是以出現在祝賀宴席中的「捲壽司」為主流，但在明治時代的輕食攤販料理中則以「握壽司」居多。主要在京橋、淺草、兩國一帶流行，所以民眾將其稱之為「江戶前壽司」。

將這般歷史背景下的江戶前壽司，在川越地區奠定發展的元祖即「川越幸すし」。在京橋經營兩代後就將店鋪轉移至川越，已創業一百二十年的現任店主是第四代的長島威先生。

店內以「江戶的握壽司」為主，能品嘗到以溫故知新為概念所設計的料理。於沉穩氛圍的壽司吧檯，度過片刻時光。或是包下內廳，與朋友、家人共享壽司的全餐料理。若只是想輕鬆地吃個午餐，就到二樓的和食堂。

「比起創業百年的自豪，顧客露出的笑容或稱讚美味的評價更讓人覺得高興！我每天都孜孜不倦地認真工作，並樂在其中。這大概就是江戶職人的態度吧」長島先生說道。

在祭祀過鎮座於店鋪前、樹齡一百三十年的神木與小祠後，就看到師傅拿出新鮮食材捏製握壽司的身影。兩手托著淺盤端送料理至內廳的女服務生，臉上也帶著爽朗的表情。從創業以來完全沒變過的玻璃窗往外窺看，有一座熔岩切割成形的獨特風格水池。

傳承好幾個世代的手藝以及古雅的風情，找個機會來體驗看看吧！

P236　從連結內廳的走廊就能看到熔岩切割成形的中庭水池內有錦鯉悠遊其間。
P237右　在吧檯座可欣賞傳承手藝的職人捏製握壽司的過程。
P237左　內廳尤其適合家族聚餐，共享用餐時光。

「小江戶」川越的蕎麥麵歷史
對蕎麥麵秉持著毫不妥協的態度
寿庵

創業：明治中期
代表者：藤井国昭
地址：【新富町本店】埼玉県川越市新富町二ー一九ー一【蔵のまち店】埼玉県川越市幸町三ー一八
【喜多院店】埼玉県川越市小仙波町一ー二ー一
HP：http://www.kawagoe.com/kotobukian/index.html
業種：餐飲店（蕎麥麵・星鰻）

P238上　寿庵新富町本店的招牌。
P238下　蔵のまち店的工作人員。
P239　平成六年開幕、蔵のまち店的外觀。

茶そば　寿庵
そば
手打蕎麦
寿庵
茶蕎麦
新そば
茶そば・二八そば
営業中

川越街區又有「小江戶」的稱號。編織出川越蕎麥麵歷史的老字號蕎麥麵店「寿庵」，源起於明治中期藤井新五郎在志義町（現在的仲町）開設的「寿本店」。

由後代繼承並開枝散葉的「新富町本店」「蔵のまち店」「喜多院店」等三店鋪，目前均以寿庵之名持續營業中。而且，除了這三家店鋪以外還有許多從寿庵分家出去獨立的店，儼然可說是打造出川越蕎麥麵歷史的推手。

寿庵的名物即「茶蕎麥麵」。使用知名京都老舖茶屋「宇治小山園」的高級抹茶，蕎麥粉和抹茶以商業機密的比例調配製成的手打蕎麥麵，顏色鮮豔、富有光澤，加上滑順的入喉感，能享受蕎麥粉的甜味與抹茶的苦味兩者間的絕妙平衡。

還有一樣招牌菜是「星鰻」。將大尾星鰻兩面塗抹鰹魚露燒烤製成的「烤星鰻」，口感紮實、香氣撲鼻。另外，將烤星鰻放在熱蕎麥麵上的「星鰻南蠻」也是一道絕品。烤星鰻的香氣與醬汁的風味極搭，更能提出鮮甜味。

「第二次世界大戰期間由於家中男丁都被徵召上戰場，加上物資缺乏，所以當時也撐得很辛苦。」現任當家的藤井国昭先生說道。但即使在那樣的環境中，寿庵依舊靠著配給的小麥販售水煮麵讓店鋪得以存活下來。「連那樣的時代都能熬過、長年以來持續開店營業，正是因為對蕎麥麵秉持著執著與毫不妥協的態度。接下來仍會將顧客擺在第一優先，繼續提供這份始終如一的味道。」

寿庵今後也將持續不斷地創造出川越蕎麥麵的歷史。

P240　傳統的茶蕎麥麵。照片中是特別以創業當時所使用的器皿做擺盤呈現。
P241右　星鰻南蠻。
P241左　烤星鰻。

一子相傳的秘傳醬汁
代表小江戶的老字號鰻魚店
川越いちのや

創業：一八三二年（天保三年）
代表者：市野川昌司
地址：埼玉県川越市松江町一－一八－一〇
電話：〇四九－二二二－〇三五四
HP：http://www.unagi-ichinoya.jp/
業種：餐飲店（鰻魚）

P242上　いちのや川越本店的工作人員。
P242下　白燒鰻魚也是極為推薦的一品。
P243　照片中為川越本店。川越站前的アトレ店也能享用美味的鰻魚料理。

照片・文字：鈴木亮裕

從江戶時代就以鰻魚產地聞名的川越有間還保留小江戶風情的鰻魚店，即天保三年創業的「いちのや」。

いちのや的歷史悠長，江戶時代的大名行列（註：大名往返政治中心江戶與各自領地間的隊列）在旅途中會順道過來用餐，有時還以高價的刀劍或生活用品來代為支付餐費。在昭和年代電影業興盛之際，川越經常會被選為時代劇的拍攝場地，店家的二樓和階梯都曾作為拍攝場景。

店鋪一直以來都將風格視為是重要的傳統，因此還保留純和風的感覺。店內有掛軸、古董品等日常用品的裝飾以及坪庭，能在充滿傳統氣息、同時又溫暖明亮的氛圍中用餐。另外還備有宴會廳與多間包廂。

いちのや所供應的鰻魚佳餚，是只嚴選頂級的活鰻魚。而且只挑選大小適中、顏色光澤度皆佳者。先讓鰻魚在冰水中安靜下來後，再以俐落的手法進行處理。看到處理的過程，也不禁讓人佩服原來這就是所謂的職人技術。串上竹籤後，不以蒲燒或白燒的料理方式而是直接將生魚先蒸過，塗上醬汁後再用備長炭燒烤。透過いちのや的獨特製法能讓肉質變得鬆軟，享受入口即化的口感。

自創業以來傳承至今的秘傳醬汁，配方被列為最高機密只有歷代店主才知曉。另外，在挑選白米以及代代相傳的米糠漬物也都相當講究。店內除了鰻魚料理外，還提供以當令季節食材入菜的日本料理、全餐料理等。

いちのや從創業到現在，不僅講究味道和一子相傳的醬汁，更為了能融入江戶街景的氛圍而致力於維護純和風的建物，同時重視格調、風情、品味以及溫暖親切的待客之道。いちのや今後也將會繼續受到大家的喜愛並長久地經營下去。

P244　塗上秘傳醬汁燒烤製成的鰻魚盒飯。
P245右　以俐落手法處理鰻魚的過程。在處理前會先浸冰水讓鰻魚安靜下來。
P245左　串上竹籤的速度也很快。據說鰻魚的血有毒，所以不能生吃。

連結時間與心靈的千坪庭園
小江戶川越的老舖料亭
料亭　山屋

創業：一八六八年（明治元年）
代表者：松山 潤
地址：埼玉県川越市幸町一一－二
電話：〇四九－二二四－〇〇四八
HP：http://ryoutei-yamaya.com
業種：料亭

P246上　正面入口，就位於從倉房街區轉進來的第一條巷道。
P246下　連接包廂與包廂間的長廊。
P247　可一望約千坪的庭園，秋天時節還會點燈裝飾。

照片・文字：鈴木亮裕

川越最大的觀光地即倉房街區。從大馬路稍微往巷道內走，有間明治元年創業的老舖料亭「山屋」。

與觀光客熙來攘往的大馬路相比，一踏入山屋武藏野的大自然隨即印入眼簾，彷彿脫離現實來到了另一個世界般。約一千坪的庭園內有七間數寄屋樣式的包廂，其中還有超過一百五十年歷史的建物。

山屋在幕末到明治元年原本是一家做外送生意的飯館，與擔任武藏國川越藩的御用米穀商、川越當地傳說中的富商橫田五郎兵衛的本邸相鄰。直到山屋的初代·半兵衛繼承橫田家的別邸後才開始經營料亭，到目前的第五代當家為止已有一百四十年的歷史。

山屋的料理，是選用築地直送的鮮魚以及包含在地食材在內的新鮮蔬菜，能早一步品嘗當令美味的高雅日本料理。雖然料亭、老舖給人門檻很高的感覺，但其實山屋也備有不需預約就能享用午餐的喫茶室，可輕鬆上門光顧。

東日本大地震之後，家人間的關係重新受到大家的重視，基於這份珍惜的心意山屋從平成二十三年也開始正式導入了料亭婚禮。有供應當令正統日本料理的和婚方案，新人在神社舉辦結婚儀式後即搭乘人力車行經倉房街區回到山屋；或是不含結婚儀式，只提供親友見面會和餐會的方案。

另外，長達好幾世代都來光顧的客人也不少，這也正是老舖備受信賴的證明。

山屋從創業以來就是提供人與人連結的場所，並為訂婚、初筷儀式、七五三、祝壽等喜慶以及法事等人生的重要節日增添繽紛色彩，是一家兼具歷史與風格的料亭。

P248 以當令食材入菜的會席料理。P249右 全部包廂均環繞著庭園，每一間都能欣賞到四季的景緻。P249左 可不受拘束悠閒用餐的包廂，透亮的玻璃窗讓人印象深刻。

小規模才能做到的手工風味
讓人感受到釀酒的誠意
大利根酒造

創業：一九〇二年（明治三十五年）
代表者：阿部倫典
地址：群馬県沼田市白沢町高平一三〇六—一
電話：〇二七八—五三—二三三四
HP：http://www6.wind.ne.jp/sadaijin/
業種：清酒製造・販售

P250上　平成十二年十月才重新改建，但外觀內裝仍保有歷史氛圍。

P250下　店內一隅，展示著酒的歷史與古老的酒杯等文物。

P251　笑容可掬的第四代藏元阿部倫典，博學多聞又平易近人。

照片・文字：阿久津 碧

清酒
清酒
登録

5 6
12 13
19 20
26 27

位於群馬縣沼田市靠山側的「大利根酒造」，為明治三十五年創業的老字號造酒廠。以懸掛在屋簷下的巨大酒林（註：又稱為杉玉，以杉樹枝葉紮成的球狀物。杉葉的顏色變化即代表新酒的成熟程度）以及大利根酒造主力商品「左大臣」的招牌為標誌的店鋪，充滿歷史感的建築讓人難以想像竟是平成十二年才改建而成。

明治中期從長野搬遷至此地創業，目前是由第四代的阿部倫典繼承藏元（註：備有酒廠、製造日本酒的人）。還保有濃厚創業當時氛圍的店內，即使在夏天也很涼爽甚至不需開冷氣。釀酒廠本身就是可遮蔽陽光、通風涼爽的設計，每天二十三時到四時左右會轉換乾空氣進來提供自然的涼意。

另外，格子窗為江戶中期之物、神棚是以約一百三十年的櫸木製成，帳房桌也是沿用自創業以來長達四代、百年以上的古物，隨處都能感受到店家的歷史與風格。

沼田是米鄉，從以前就會使用當地的米來釀造酒。設於大利根酒造的屋敷內、供奉酒造之神松尾神的石宮，上頭甚至還刻有「元文四年」的字跡。另外，腹地內還有傳說中會來酒屋買酒的「高平飲酒地藏」。

酒的原料皆為地產地銷，水是汲取自腹地內露天水井的伏流水，米則是使用群馬縣白澤產的越光米。忠實呈現米原本的甜味、口感清爽的「左大臣」，曾在關東甲信越酒類鑑評會中連續兩年獲得金賞的殊榮。

「善用固有的傳統並適當導入新的元素，守護已在此地伸根茁壯的造酒廠，珍惜只有小規模釀造才能做到的手工風味。我認為釀酒是一種能傳遞心意的文化」阿倍先生說道。大利根酒造的酒中，同時也蘊含著源自於沼田、一路傳承至今的「誠意」。

P252　雖然重新裝潢過但仍保有氛圍的店內，有些物品都已經是百年以上的歷史。
P253右　釀酒廠內。不使用空調、維持傳統的製作方式，所以只能在每年的十月底到隔年的三月上旬進行作業。
P253左　貼酒標的作業場所，一張一張均以手工進行。

青山沙織　Aoyama Saori
東京出生，東京下町長大。二〇一〇年武蔵野大學環境學部環境學系畢業，專攻住居環境。從動漫角色扮演員轉行為攝影師，目前從事動漫作品具現化及拍攝原創角色扮演的作品。接下來還有拍攝配音員與次文化偶像等的預定行程。
142-145, 178-181

茜部幸治　Akanabe Koji
一九八〇年生於岐阜縣岐阜市。62-65, 150-153

秋元ちひろ　Akimoto Chihiro
出生於大阪府堺市。美國大學畢業後，任職於東京的外資證券公司。育有一子已4歲，從兒子出生後才開始對攝影產生興趣並投入學習。目前以Chihiro Photography的身份活躍中，拍攝對象以孕婦和新生兒為主。http://chihiro-photography.com
1, 114-117

阿久津　碧　Akutsu Midori
生於群馬縣，祖父家為豆腐店。以「做自己喜歡做的事」為信念，希望用照片傳達出自己所感受到的人的魅力，因此開始學習攝影。目前邊擔任助理的工作，邊拍攝人物照。
250-253

新井　剛　Arai Tsuyoshi
一月四日生於栃木縣栃木市。為了磨練個性正每天努力奮戰中，照片則是表現自己的方式之一。目前以人物照、快照等堅持個人品味的作品活躍中。
34-37, 58-61, 74-77, 110-113, 230-233, 234-237

伊勢壮志　Ise Soushi
著迷於拍攝女性。經常一出門就會不自覺地將相機掛在脖子上，若於街上遇到感興趣的女性就會出聲攀談。總要等到返家後，才會蓋上鏡頭蓋、關閉相機電源。
86-89

井門　功　Imon Isao
二〇一一年投身攝影。深受詩人村野四郎「我從一開始，就決定將文學置於經濟無虞的保護傘內」這段話的影響，因此下定決心邊工作邊追求自己的攝影世界。
194-197, 198-201, 202-205, 206-209

小嶋文子　Kojima Ayako
一九八四年十二月三日生於茨城縣。大學畢業後，邊學習平面設計邊兼做攝影工作。歷經學校、婚禮、成人式等紀念照的拍攝工作後，為了提升技術而前往「攝影學校」繼續進修。
82-85, 106-109, 130-133

小林祐美　Kobayashi Youmi
靜岡縣浜松市出身，黃柳野高中畢業。原本過著販賣夢想的生活，後來為了圓夢而前往東京。秉持著日日精進的態度努力拍照中。
98-101, 102-105, 118-121, 214-217, 218-221　書封照片（背面）

高崎大輔 (DICE-K)　Takasaki Daisuke
一九八〇年六月二十二日生於神奈川縣。曾經手過活動、婚禮、派對、祭典、越野摩托車競賽等攝影工作。最近正埋頭於研究如何讓女性看起來更美、男性看起來更加帥氣的拍攝手法！
26-29

出口香菜　Deguchi Kana
高知出生，札幌、東京長大。就讀駿河台大學臨床心理系，畢業後於舞台製作公司擔任3年企劃，之後下定決心轉行為攝影師。由於之前工作的人脈關係，所以多以舞台・現場音樂會・宣傳照為主。
154-157, 182-185

鈴木亮裕　Suzuki Akihiro

一九八〇年十二月生於東京都練馬區，牡羊座B型。座右銘為若決定要做就會去做，換句換說若決定不做了就不會做。希望能拍出人的情感，目前正努力追求中。

170-173, 222-225, 226-229, 238-241, 242-245, 246-249

中村慧子　Nakamura Keiko

一九八四年生於兵庫縣。聖心女子大學畢業後，歷經演員、蔬菜鑑定師等工作後轉投入攝影的世界。一開始以料理照片為中心展開活動，目前正積極導入以抽象手法拍攝蔬菜・水果作品。

90-93, 94-97, 122-125

中村英海　Nakamura Hidemi

「將全部精神集中在攝影，當按下相機快門的瞬間就是最快樂的片刻」，一九七七年出生的攝影師。雖然也愛好人物、動態攝影，但近來多以靜物攝影的助理工作為主，持續精進技術進行修業中。

162-165, 166-169

藤井 恵　Fujii Megumi

作品以女性的攝影集、寫真集為主，並發揮自己曾當過舞者的經驗來指導拍攝對象擺姿勢。在自家套房的一隅成立了工作室「A.G」，以「彷彿書寫A字般、宛如描繪G字般」為概念展開活動中。

書封照片（正面）4-7, 14-17, 18-21, 22-25, 38-41, 46-49, 50-53, 54-57, 186-189

藤吉光恵　Fujiyoshi Mitsue

一九七三年生於橫濱，東京寫真學園專業攝影師課程畢業。育有二子，目前的拍攝作品以懷孕生產和家庭照為主。希望藉由照片的力量替養育小孩的爸爸媽媽們加油打氣，拍攝出每一個家族的故事。

42-45, 62-65, 70-73

まつい 瑶子　Matsui Yoko

一九七四年生於北海道，O型。生了小孩後開始對料理攝影產生興趣，目前以Food造型攝影為中心。雖然也熱愛製作料理、品嘗美食，但料理攝影才是最能讓自己感到開心的一件事。

66-69, 78-81, 134-137, 138-141, 210-213

松本 敦　Matsumoto Atsushi

一九九五年日本工業大學機械工學系畢業後，任職Mamiya-OP公司的間宮數位影像開發部從事相機設計工作。二〇一二年離職後，進入東京寫真學園學習攝影技術。

158-161, 174-177

山口祐太郎　Yamaguchi Yuutarou

一九八八年生於東京都立川市，東海大學海洋學部水產學系畢業。小時候因為自己拍攝的照片讓朋友露出了笑容，從此就以攝影為目標。以純真的生命色彩為主題拍攝作品中。

190-193

山下 宜子　Yamashita　Yoshiko

生於岡山縣。在上班之餘，開始玩起攝影。

126-129

山本真緒 Yamamoto Mao

一九八七年六月五日生於群馬縣館林市，大學畢業後任職於一般企業。一邊工作一邊學習攝影，目前已轉行成為攝影師。

146-149

國家圖書館出版品預行編目資料

東京百年老舖／ Beretta P-13作；
許懷文翻譯. -- 第一版. -- 新北市：人人，
2015.09 面；公分 （人人趣旅行；46）

ISBN 978-986-461-016-7（平裝）

1.旅遊 2.商店 3.日本東京都

731.72609 104016410

【人人趣旅行46】

東京百年老舖

作者／Beretta P-13
翻譯／許懷文
校對／王凱洵
執行編輯／甘雅芳
發行人／周元白
出版者／人人出版股份有限公司
地址／23145台北縣新店市寶橋路235巷6弄6號7樓
電話／（02）2918-3366（代表號）
傳真／（02）2914-0000
網址／http://www.jjp.com.tw
郵政劃撥帳號／16402311 人人出版股份有限公司
製版印刷／長城製版印刷股份有限公司
電話／（02）2918-3366（代表號）
經銷商／聯合發行股份有限公司
電話／（02）2917-8022
第一版第一刷／2015年09月
第一版第三刷／2019年04月
定價／新台幣 300 元